キムタツの大学入試
英語リスニング
合格の法則
【実践編】

監修・執筆
木村達哉

英語の超人になる！
アルク学参シリーズ

「英語の超人になる！」
アルク学参シリーズ刊行に寄せて

大学合格のために必死で英語を勉強する、これは素晴らしい経験です。しかし、単に大学に合格さえすればいいのでしょうか？　現在の日本に必要なのは、世界中の人々とコミュニケーションを取り、国際規模で活躍できる人材です。総理大臣になってアメリカ大統領と英語で会談したり、ノーベル賞を受賞して英語で受賞スピーチを行ったり、そんなグローバルな「地球人」こそ求められているのです。アルクは、大学受験英語を超えた、地球規模で活躍できる人材育成のために、英語の学習参考書シリーズを刊行いたします。

入試頻出の
モノローグ問題を完全攻略！

さまざまな場面や話題の モノローグを聞けば、 10日後には苦手意識が 必ず消える！

この本はモノローグだけを扱っています。モノローグというのは、ニュース、駅や空港のアナウンスや留守番電話、あるいは講演や大学の授業など、1人で話しているものを指します。会話の場合は1人の発言が聞き取れなかったとしてももう1人の発言から推測できます。ところがモノローグの場合は、途中で分からなくなるとその後はずっとただ英語が流れているだけという悲惨な目に遭います。ほとんどの方が最初は聞き取れなくて戸惑われるかと思いますが、本書ではさまざまな場面や話題のモノローグを取り上げていますので、10日間で苦手意識はなくなるものと確信しています。

「3Sメソッド」で 基礎力をつける。 音読とディクテーションで 英語を脳に焼きつける。

本書は『基礎編』と同様に「3Sメソッド」を採用し、全ての英語学習の土台となる語彙と構造（文法）の強化を図りながら、リスニング力をつけてもらおうと考えて作りました。何度聞いても分からないという人は、「3つのS」の解説をチェックし、知らなかったことがあればそれを覚えてから再挑戦してみてください。「聞けない」という人は、知識がないから聞けないのです。音だけでなく語彙や文構造の知識を脳と耳に焼きつければ、きっと聞き取れるようになります。それから解答が正解だったか不正解だったかよりも、ディクテーションと音読をちゃんとしたかどうかに主眼を置きましょう。

合格は「通過点」。 英語の総合力をつけて、 自分の夢を 必ずかなえよう！

合格するために勉強するのではありません。受験は単なる通過点です。大学入試で人生の全てが決まるわけではありません。将来は英語を使って世界を舞台に活躍するのだという、気概とファイティングスピリットを持って英語を勉強してください。僕とスタッフ全員のそういう熱いメッセージを感じ取ってもらえたら最高です。『基礎編』と『実践編』を終わられた皆さんが、かなりのレベルまでリスニングができるようになっているのは間違いありません。最後まで頑張った皆さんが英語を使ってご自身の夢をかなえられますことを心から祈っています。一緒に頑張りましょう！

木村達哉

Contents

「10の学習ポイント」をマスターして
大学入試英語リスニングのモノローグ問題を完全攻略！

Chapter 1

Q&A 選択問題
対策

Chapter 2

Q&A 選択問題
対策

コラム Kimutatsu's Cafe にご登場いただいた
皆さんの肩書は 2020 年10月当時のものです。

英語リスニング　攻略ポイント

01 聞いてばかりでは駄目！ 声を出そう！

リスニング力の弱い人は目で英語の勉強をしている時間が長いのではないでしょうか。聞き取れなかった箇所には聞き取れなかった理由があります。特に速くて聞き取れなかったとか音が変化して聞き取れなかったとかいう場合には、何度も音声をまねて音読をしましょう。

02 設問や選択肢には事前に目を通そう！

日本語でもいきなり話されたことを全部正確に聞き取るのは難しい。放送が始まる前に必ず選択肢を確認し、トピックを予測しておくと聞き取るのが比較的楽になります。設問と選択肢の両方が印刷されていて、全てに目を通す時間がない場合、せめて設問だけでも読んでおくことです。

03 聞き取れない部分があっても焦らない！

試験ではあえて難しい単語を含むスクリプトになっている場合がよくあります。難しい単語や知らない地名などが聞き取れないのは当たり前。むしろ、聞き取れた箇所から推測して答える能力が求められているのです。

04 数字はたいてい計算が必要！

大学入試レベルで数字が問われている場合、ほとんど 100% に近いぐらい簡単な計算が必要となります。選択肢に数字が含まれている場合、放送に数字が出てくるたびに、どれとどれをどのように計算するのかを聞き取る必要があります。出てきた数字を覚えておけない人はメモしましょう。

05 会話問題では状況をつかもう！

細かい英語の部分を聞こうとし過ぎて、その会話が行われている状況をざっくりとつかむことを忘れている人が多いように思います。誰がしゃべっているのか、どこにいるのか、どういう目的なのか等を聞き取るようにしたいものです。

リスニングテストを受ける際には、気を付けたいポイントが幾つかあります。その中でも特に重要な10のポイントを挙げました。テストの際だけでなく、実際の会話やモノローグ（ニュースやアナウンス、講義など1人で話しているもの）の聞き取りの際に役立つものもありますから、折に触れて目を通してください。

モノローグ問題は出だしが勝負！

講義やアナウンスがスクリプトとして使われるのがモノローグ問題。最初の1文か2文でトピックが紹介される場合がよくあります。会話問題の場合は会話が進む間に展開が分かる場合もありますが、モノローグ問題は出だしが勝負なのです。

選択肢の言い換えには要注意！

スクリプトの中で用いられた単語が、選択肢ではほぼ同じ意味の別表現（特にイディオム）に言い換えられている場合がよくあります。逆に聞こえてきた単語がそのまま使われている選択肢はダミー（引っ掛け）であることが多いので気を付けましょう。

読む力を身に付けよう！

リスニングの力を身に付けるために、正しく読む力を高めることが不可欠です。読みもできないものが聞き取れるわけがありません。特に最初に読む際には、返り読みしないように気を付けること。リスニングは返り聞きができません。リスニングと同じ条件で読む習慣を身に付けましょう。

どんな勉強でも音声を必ず聞こう！

リスニングの勉強はリスニングの問題集だけを使って行うわけではないのです。単語集を覚えるとき、リーディングをするとき、英文法の勉強をするとき、音声が付いている問題集を使えば、単語を覚えながら、読む勉強をしながら、英文法や英作文の勉強をしながら、英語の耳を作ることができるのです。

最も大切なこと！

本書の学習ステップにしたがって、音読やディクテーションを行ったり、単語やフレーズを覚えたりすることでリスニング力は身に付いていきます。が、トレーニングをやめるとまた聞き取れなくなっていきます。一度終わった教材でもいいのです。また、毎日数分でもいいのです。継続することが最も大切なのです。

本書で扱うモノローグ問題

本書は、入試に頻出のモノローグ問題の対策を効率よく進められるように、語数、内容に基づいて、章が２つに分かれています。それぞれの問題パターンの攻略法は、各 Chapter の冒頭に書かれています。

Chapter 1

Q&A選択問題

- 問題形式：モノローグを聞き、モノローグに関する設問に合った答えを選択肢から１つ選ぶ。
- 平均語数：70 語程度
- 内容：アナウンス文

Chapter 2

Q&A選択問題

- 問題形式：モノローグを聞き、モノローグに関する設問に合った答えを選択肢から１つ選ぶ。
- 平均語数：200 語程度
- 内容：説明文や講義文

Check It Out!

本書の前編『キムタツの大学入試英語リスニング 合格の法則【基礎編】』では、入試に頻出の対話文問題の対策を行っています。

前編『キムタツの大学入試英語リスニング 合格の法則【基礎編】』で扱う対話文問題

Chapter 1 イラスト・数値選択問題

・問題形式：短い対話を聞き、対話文に関する設問の答えとして最も適当なものを選択肢（イラストまたは数値）から1つ選ぶ。
・対話の往復数：AB（1往復）、またはABA（1往復半）
・対話の平均語数：25語程度

Chapter 2 応答文選択問題

・問題形式：短い対話を聞き、対話文に続く応答文として最も適当なものを選択肢から1つ選ぶ。
・対話の往復数：ABA（1往復半）、またはABAB（2往復）
・対話の平均語数：25語程度

Chapter 3 Q&A選択問題

・問題形式：短い対話を聞き、対話文に関する設問に合った答えを選択肢から1つ選ぶ。
・対話の往復数：ABAB（2往復）、またはABABA（2往復半）
・対話の平均語数：50語程度

Chapter 4 図表完成問題

・問題形式：長い対話を聞き、その内容を基に予定表などの図表を完成させたり、出来事の順にイラストを並べたりする。
・対話の往復数：5往復程度
・対話の平均語数：100語程度

本書の特長

本書では、10 日間という短期間にリスニング力を
飛躍的・効率的に向上させる「3S メソッド」を採用しています。
ここでは、3 つの「S」、Structure（構造）、Sense（意味）、
Sound（発音）の理解と、ディクテーションと音読を組み合わせた、
画期的な学習法についてご紹介いたします。

短期間で
効率的に
「英語の耳」を作る
「3S メソッド」
とは？

第 1 の「S」！
Structure
（構造）

つまり、文法力

リーディングと同様にリスニングで
も、英文を理解するためには文構造
（Structure）の正確な理解が欠かせ
ません。また、リーディングと違って、
リスニングでは英文を後ろから訳し
ていく「戻り訳」をしている時間はあ
りません。本書では、Structure の
解説を通して、「英語を英語の語順通
りに理解する」ための手助けをしま
す。文法面を強化することにより、
流れのままに英文を理解する力を身
に付けていきます。

第 2 の「S」！
Sense
（意味）

つまり、表現力

中学・高校と英語を学んできた皆
さんは、ある程度の英語の聞き取
りはできるはずです。ただし、全
ての単語を聞き取れたとしても、
意味（Sense）が分かっていなけれ
ば、本当に「聞き取れた」とは言
えません。また、英語には、イデ
ィオムや決まり文句など、「単語の
意味は分かっても意味が理解でき
ない」表現が数多くあります。本
書では、Sense の解説を通して、「対
話の場面・状況に応じた慣用表現」
をマスターしていきます。

第3の「S」！
Sound
（発音）
つまり、聴解力

「ある程度の英語の聞き取り」から「細部の聞き取り」へと聴解力をアップさせるためには、音の連結や脱落といった「英語特有の発音（Sound)」を理解しなければなりません。また、アクセントやイントネーションに慣れる必要もあります。本書では、「発音の仕方」を丁寧に解説していますので、最初は聞き取れなかった英文でも、細部に至るまで、自然と耳に入っていくようになります。

+α

パッシブからアクティブへ！「ディクテーション」と「音読」で積極的に「聞き取り」、そして「話す」！

「3S」の解説を理解した皆さんは、「完璧な聞き取り」のまさに一歩手前にいます。完璧へと歩を進めるには、より積極的な「聞き取り」に取り組まなければなりません。本書では、ディクテーション（書き取り）のタスクを数多く取りそろえていますので、英文の細部と全体をバランスよく聞き取る力が身に付きます。また、練習問題の仕上げとして「音読」を採用。「聞き取る力」をさらに定着させるだけでなく、「話す力」もマスターできますので、試験対策を超えた「総合的な英語力」を身に付けることができます。

本書と音声の利用法

1日の学習量は8ページで、各日とも「レッツ トライ！→ドリル→
エクササイズ」の順で学習していきます。ここでは、Day 1 を例に、
1日の学習の流れをご紹介しましょう。

「3S」+「音読」+
「ディクテーション」
で英語の総合力を
つける！

学習ポイント

その日の学習のポイントがまとめら
れています。

音声トラック番号

🎧 001：「音声トラック001を再生
してください」という意味です。

レッツ トライ！

① 練習問題

その日の学習ポイントに沿った練習
問題に挑戦します。該当の音声トラッ
クを聞いて、「腕試し」のつもり
で気軽にトライしてみましょう。

② ココが狙われまっせ！

練習問題の正解を導く際のヒントが
まとめられています。1回で正解が
分からない場合は、ここのヒントを
参考にしながら、繰り返し音声を聞
きましょう。

イギリス🏴
アメリカ🇺🇸
オーストラリア🇦🇺
国旗のアイコンが示す国
の英語音声が収録されて
います。

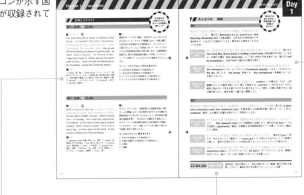

④ 3S 解説

練習問題をより深く理
解してもらうための解
説です。「構造」「意味」
「発音」ごとに、特に
注意すべきポイントが
解説されています。

③ 正解とスクリプト

正解を確認したら、スクリプトと訳をチェッ
クしましょう。分からない語句があったら、
語注を参照してください。スクリプトには、
英文をチャンク（意味の固まり）として理解
するために、適宜スラッシュ（／）が引かれ
ています。英語を語順通りに理解するために、
スラッシュ単位で意味を考えていくようにし
ましょう。

⑤ 音読

練習問題の学習の仕上げとして音読に取り
組みます。該当の音声トラックを再生して、
各セリフの後のポーズ（無音）部分で声を出
して読んでみましょう。最低でも1回、余裕
がある場合は繰り返し音読して、英文の意味
と音をしっかりと体にしみ込ませましょう。

ドリル

❶ ディクテーション

該当の音声トラックを再生して、英文を聞きながら、空所の部分に入る語や数字を書き取ります。ここでは、「全体」を理解する前に、「細部」を正確に聞き取ることを目指します。スペルが分からない場合は、カタカナで書いても構いません。

❷ 問題

ディクテーションが終わったら、モノローグの内容が理解できているかどうか問題を解いてみましょう。

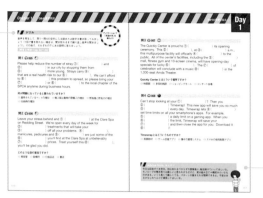

❸ 正解と解説

ディクテーションと問題の正解を確認したら、スクリプト（前ページの英文）と訳、解説をチェックしましょう。分からない語句があったら、語注を参照してください。

Advice from キムタツ

英語学習の心構えなど、キムタツ先生のアドバイスをまとめた「一言コラム」です。勉強にちょっぴり疲れたら、目を通して元気をつけてください。

エクササイズ

❶ 実践問題

その日の学習成果を確認するため、実践形式の問題に取り組みます。本番と同様の緊張感を持って、該当の音声トラックを1度だけ聞いて答えるようにしましょう。

❷ 正解と解説

エクササイズの正解と解説は、本書にとじ込みの『別冊解答集』に収められています。該当ページで正解を確認しましょう。

❸ これだけは忘れんといて！

その日の学習で特に覚えておいてほしいポイントがまとめられています。

音声について

本書の音声は無料でダウンロードしていただけます。

●パソコンの場合
❶アルクのダウンロードセンター（https://www.alc.co.jp/dl/）にアクセス
❷「ダウンロードのお申し込みはこちら」をクリックし、書籍名または商品コード（7020056）を検索

●スマートフォンの場合
❶App Store（iPhone）、Google Play（Android）からアプリ「語学のオトモ ALCO」をダウンロード
詳しくは https://www.alc.co.jp/alco/
❷ALCO から「ダウンロードセンター」にアクセスし、書籍名または商品コード（7020056）を検索

013

Chapter
1

Q&A 選択問題対策

それでは、早速 Chapter 1 の学習に入りましょう。Chapter 1 では、Day 1 〜 Day 6 の 6 日間にわたって、短めのモノローグに対する Q&A 選択問題への対応力をつけていきます。アナウンス文を中心にさまざまな種類のモノローグが出題されることが予想されますが、平均語数は 70 語程度ですのでそれほど難しくはないはず！

・平均語数＝ 70 語程度

詳しくは、次のページの「傾向と攻略法」をチェック！

Q&A 選択問題の傾向と攻略法

まずは、出題形式と傾向、そして攻略法を確認しておきましょう。

◢ 出題形式

●問題形式：モノローグを聞き、モノローグに関する設問に合った答えを①〜④の4つの選択肢から1つ選ぶ。

◢ 出題傾向

●平均語数は70語程度で、読み上げの時間は30秒ほど。

●モノローグの内容はアナウンス文のほか、留守番電話のメッセージなど私的な内容のものも出題される可能性がある。

◢ 攻略法

●「トピックの紹介」→「その詳細の説明」というアナウンス文特有の文章の流れを理解する。

●あらかじめ設問と選択肢に目を通し、モノローグの内容を予想する。設問には、モノローグのトピックに関係するキーワードが含まれていることが多い。

●設問の文頭にある疑問詞（5W1H）に注意して、聞き取りのポイントを絞り込んでおく。Whenなら「時」、Whereなら「場所」、How manyなら「数」といったように、モノローグ内で集中して「拾い聞き」するポイントが明らかになる。

●テレビ、ラジオ、インターネットなどの英語ニュースを聞くなどして、普段から短い長さの英文に慣れておく。AFN（American Forces Network）が受信できる人は、ニュースだけでなくコマーシャルや公共広告などにも親しんでおきたい。

学習ポイント → 5W1Hを聞き取る①

最初に設問を読めば、聞き取るポイントを絞り込める。

 設問と選択肢からなる「Q&A」形式の問題では、英文を聞く前に、設問と選択肢にざっと目を通して、聞き取るポイントを押さえておきましょう。

レッツ トライ！

まずは
練習問題で腕試し。
どれだけ聞ける？
どれだけ解ける？

ここでは短い英語の文章が2つあります。それぞれの文章につき問いが1つずつあります。音声を聞いて、答えとして最も適当なものを、4つの選択肢のうちから1つずつ選びましょう。

【解答と解説→pp. 18～19】

問1 🎧 001 🇺🇸

When will the food drive be held?

- [ ] ① From 8 a.m. to 3 p.m. on December 6th.
- [ ] ② From 8 a.m. to 6 p.m. on December 3rd.
- [ ] ③ From 8 a.m. to 3 p.m. on Christmas Day.
- [ ] ④ From 8 a.m. to 6 p.m. on Christmas Day.

問2 🎧 002 🔆

How long does the sale last?

- [ ] ① Today, from 9 a.m. to 9 p.m.
- [ ] ② This Sunday, from 9 a.m. to 9 p.m.
- [ ] ③ For two days.
- [ ] ④ One week.

ココが狙われまっせ！

問1は選択肢の形から、聞き取りのポイントは「日付＋時刻」だと分かる。問2は、具体的に「何日間」とは言われていないので注意。

正解とスクリプト

太字部分が正解の「カギ」。次ページの解説を要チェック!

問1　正解 ② 🎧 001

■スクリプト 🇺🇸

Our local Boy Scout troop is holding a food drive / to benefit the city's homeless. **Between 8 a.m. and 6 p.m. / this Saturday, December 3rd,** / the scouts will be accepting donations of canned food / at Saint John's Church / on Oxford Street. Organizers hope to collect several thousand cans of food, / which will then be distributed to the homeless / during the Christmas season.

■語注

□ troop：団、隊　□ food drive：フード・ドライブ（団体などがスポンサーになって地域社会に保存食の寄付を募り、低所得者や施設などに配布する助け合い運動の一種）□ benefit：〜のためになる　□ donation：寄付　□ canned：缶詰の

■訳

現地のボーイスカウト隊が、市内のホームレスの人たちのためにフード・ドライブを開催します。今週土曜日、12月3日の午前8時から午後6時まで、オックスフォード通りのセント・ジョンズ教会において、ボーイスカウトたちが缶詰食品の寄付を受け取ります。主催者側の希望では、数千の缶詰食品を集め、その後、クリスマス・シーズンの間にホームレスの人たちへ配給するとのことです。

フード・ドライブはいつ行われますか?

① 12月6日の午前8時から午後3時まで。
② 12月3日の午前8時から午後6時まで。
③ クリスマスの日の午前8時から午後3時まで。
④ クリスマスの日の午前8時から午後6時まで。

問2　正解 ③ 🎧 002

■スクリプト 🇨🇦

Bob's Autos is having **a giant auto clearance sale / this weekend only**. All last year's models must go / before closing time / on Sunday. Don't miss this opportunity of a lifetime / to buy some of last year's hottest wheels. Bob's Autos is open / from 9 to 9 every day, / so hurry down to the store / at the corner of Millard and Fillmore Streets.

■語注

□ clearance sale：在庫一掃セール、特売　□ model：(自動車などの) 型、型式　□ go：売れる、売られる　□ closing time：閉店時刻　□ miss：〜を見逃す　□ opportunity：機会、好機　□ lifetime：一生、生涯　□ hot：素晴らしい、すてきな　□ wheels：自動車　□ hurry：急ぐ

■訳

ボブズ・オートでは、今週末限りの自動車在庫一掃大セールを開催します。昨年発売の全モデルが日曜日の閉店時刻までに売り尽くされるでしょう。昨年発売の最高の自動車を買う、一生もののこの機会をお見逃しなく。ボブズ・オートは毎日朝の9時から夜の9時まで営業していますので、ミラード通りとフィルモア通りの角にある店舗へ急ぎご来店ください。

セールはどのくらい続きますか?

① 今日の午前9時から午後9時まで。
② 今週の日曜日の午前9時から午後9時まで。
③ 2日間。
④ 1週間。

キムタツの3S解説

問1

話さなくちゃ身に付かない。解説を読んだら「音読」も忘れずに!

Whenで始まる設問では「日付＋時刻」を聞き逃さないように注意。第2文に**Between 8 a.m. and 6 p.m. this Saturday, December 3rd**（今週土曜日、12月3日の午前8時から午後6時まで）とあるので正解は❷となる。聞き取れた数字をメモすることも大切。

Structure（構造） 近い未来の予定を表すのに現在進行形を用いることがある。第1文で**Our local Boy Scout troop is holding a food drive**と現在進行形を使っているのは、今週の土曜日（**this Saturday**）という近い未来の予定を表すため。第2文の**will be accepting**は、未来の時点で進行中の動作を表す。

Sense（意味） 「the＋形容詞」で「～の人々」という複数普通名詞の意味を表す。**the homeless**は「ホームレスの人々＝homeless people」となる。このほかにも、**the old**（老人たち）、**the young**（若者たち）、**the unemployed**（失業者たち）なども覚えておこう。

Sound（発音） l（エル）とrの発音を正確に発音する。**collect**（～を集める）のlは、上前歯裏のすぐ上の歯肉を軽くたたく感じで発音する。**correct**（～を訂正する）のrは、歯肉に触れないで舌先を軽くのどの方に曲げるようにして読む。正確に発音できない音は聞き取れない。音声を聞いて繰り返し練習しよう。

問2

聞き取れた曜日や数字が答えに直接結びつくとは限らない。ここでは、第1文に**a giant auto clearance sale this weekend only**（今週末限りの自動車在庫一掃大セール）とある。**weekend**（週末）は土曜日と日曜日を指すので、正解は❸となる。

Structure（構造） 時や場所を表す副詞句は、強調の場合を除き文の後半にくるのが一般的。**this weekend only**のような副詞句に注意しよう。第3文の**to buy**というto不定詞は、**opportunity**（機会）を修飾する形容詞的用法で「～を買う（ための）機会」という意味。

Sense（意味） セールなどの宣伝で多用される表現を押さえておく。第2文の**go**は「売れる、売られる」という意味で、**～ must go**は「～は売られるはずだ」という原意から転じて、宣伝や広告中では「～は完売必至です」といったニュアンスで使われる。

Sound（発音） 語尾と次の語頭の音が同じ場合は、つなげて（連結させて）発音する。**clearance sale**は「クリアランセーウ」、**All last**は「オーラストゥ」となる。語頭以外のl（エル）音は、「ウ」に近い発音になることにも注意しよう。

🎧 **003、004** 音読に挑戦! 音声003、004を再生して、各文の後のポーズ（無音）部分で英文を音読してみよう。意味の切れ目を表すスラッシュ（/）に注意!

ドリル

ディクテーションで「英語の耳」を鍛えよう!

音声を再生して、問1〜問4の空所に入る語または数字を書き取ってみましょう（1回で書き取れない場合は、聞き取れるまで繰り返し音声を聞きましょう）。その後で、それぞれの下にある設問に答えましょう。

【解答と解説→pp. 22〜23】

問1 🎧005 🇺🇸

Please help reduce the number of stray ① (　　　　　) and
② (　　　　　) in our city by stopping them from
③ (　　　　　) more young. Strays carry ④ (　　　　　)
that are a real health risk to our ⑤ (　　　　　). We can't afford
to ⑥ (　　　　　) this problem to spread, so please bring your
⑦ (　　　　　) or ⑧ (　　　　　) to the local chapter of the
SPCA anytime during business hours.

何が問題になっていると言われていますか?
Ⓐ 虐待されているペットの増加　Ⓑ 輸入禁止動物の密輸入の増加　Ⓒ 野良猫と野良犬の増加
Ⓓ 伝染病の増加

問2 🎧006 🇺🇸

Leave your stress behind and ① (　　　　　) at the Clare Spa
on Redding Street. We're open every day of the week for
② (　　　　　) treatments that will take your
③ (　　　　　) off all your problems. ④ (　　　　　),
manicures, pedicures and ⑤ (　　　　　) are just some of the
⑥ (　　　　　) you'll find at the Clare Spa at unbelievably
⑦ (　　　　　) prices. Treat yourself this ⑧ (　　　　　);
you'll be glad you did.

どのような店の宣伝ですか?
Ⓐ 美容室　Ⓑ 診療所　Ⓒ 化粧品店　Ⓓ 書店

問3 🎧 007 ✚

The Quickly Center is proud to ① (　　　　　　　　) its opening
ceremony. This ② (　　　　　　　　), at ③ (　　　　　　　　) a.m.,
this multipurpose facility will officially ④ (　　　　　　) to the
public. All of the center's facilities, including the ⑤ (　　　　　　　)
mall, fitness gym and 10-screen cinema, will have opening-day
specials for lucky ⑥ (　　　　　　　). The ⑦ (　　　　　　　) of
celebration will conclude with a music ⑧ (　　　　　　) in the
1,000-seat Amda Theater.

Quickly Center とはどういう場所ですか?
Ⓐ 映画館　Ⓑ 多目的施設　Ⓒ ショッピングモール　Ⓓ コンサート会場

問4 🎧 008 🌐

Can't stop looking at your ① (　　　　　　　　)? Then you
② (　　　　　　　　) Timewrap! This new app will save you so much
③ (　　　　　　　　) every day. Timewrap lets ④ (　　　　　　　　)
set time limits on all your smartphone's apps. For example,
⑤ (　　　　　　　) a daily limit on a gaming app. When you
⑥ (　　　　　　　) the limit, Timewrap will save your
⑦ (　　　　　　　) and then close the app for you. Download it
⑧ (　　　　　　　)!

Timewrap とはどういうものですか?
Ⓐ 英語教材　Ⓑ ゲーム促進アプリ　Ⓒ 集中力管理システム　Ⓓ スマホの使用制限アプリ

▰▰ Advice from キムタツ

今日は記念すべき初日。初心忘れるべからずの言葉通り、毎日続けていってほしいな。
モノローグの聞き取りは難しいと思われがちだけど、実は組み立て＝構成みたいなも
のがある。いくら長くて難しくても、パターンを踏まえれば理解できるよ。不安はあ
るかもしれへんけど頑張ってほしいな。

ドリル解説

どれだけ
聞き取れたかを
チェック。

問1 🇺🇸

■ 正解　① cats　② dogs　③ having　④ diseases　⑤ children　⑥ allow　⑦ cat
　　　　⑧ dog

■ 正解の選択肢　**C**

■ 訳　子どもを作らせないようにすることで、私たちの街の野良猫と野良犬の数を減らす支援をしてください。野良猫や野良犬は、子どもたちの健康にとても危険な病気を伝染させます。私たちはこの問題を広がるままにしておくことができませんので、動物虐待防止協会の地元支部に皆さんの猫または犬を連れてきてください。営業時間ならいつでも結構です。

■ 語注　□ stray cat [dog]：野良猫［犬］　□ young：(動物・鳥などの) 子　□ carry：(病気) を伝染させる　□ afford to do：～できる　□ allow ～ to do：～を……するままにしておく　□ spread：広まる　□ chapter：(協会などの) 支部　□ SPCA：動物虐待防止協会 (＝Society for the Prevention of Cruelty to Animals)　□ business hours：営業時間

■ 解説　**トピックは前半で紹介されるのが一般的。** 第1文に**Please help reduce the number of stray cats and dogs in our city**（私たちの街の野良猫と野良犬の数を減らす支援をしてください）とあるので、正解は**C**となる。**help (to) do**は「～するのを手伝う」という意味。一般にアナウンス文では、前半でトピックが紹介されて、その後に詳細が続く構成になることを覚えておこう。

問2 🇺🇸

■ 正解　① relax　② beauty　③ mind　④ Facials　⑤ massages　⑥ services　⑦ affordable
　　　　⑧ weekend

■ 正解の選択肢　**A**

■ 訳　レディング通りのクレア・スパで、ストレスを捨ててリラックスしてください。当店は、あなたの心を全ての問題事から解放する美容術を提供するため、毎日営業しています。美顔、手足の爪のお手入れ、そしてマッサージは、信じられないほどお手ごろのお値段でクレア・スパにてお楽しみいただけるサービスのほんの一部です。今週末は、あなたご自身のお手入れを。きっとご満足いただけるでしょう。

■ 語注　□ leave ～ behind：～を捨てる、置いていく　□ beauty treatment：美容［美顔］術　□ take ～ off ...：～を……から取り去る　□ facial：美顔術　□ manicure：爪磨き　□ pedicure：足の指や爪の手入れ　□ unbelievably：信じられないほどに、すごく　□ affordable：(値段などが) 手ごろな　□ treat：～を治療する

■ 解説　**トピックを聞き逃しても焦らないこと。** 前半の聞き取りで何が話されるか分からなくても、それ以降の詳細の説明で十分に挽回できる。**Clare Spa**という店の宣伝だが、この店の営業内容については第2文に**beauty treatments**、第3文に**facials**、**manicures**、**pedicures**、**massages**が出てくるので**A**を正解として選ぶ。

問3 ✛

■ 正解 ① announce ② Saturday ③ 10 ④ open ⑤ shopping ⑥ customers ⑦ day
⑧ concert

■ 正解の選択肢 **Ⓑ**

■ 訳 クイックリーセンターより謹んでオープニング・セレモニーのお知らせをいたします。今週土曜日の午前10時に、この多目的施設が一般向けに公式オープンします。ショッピングモールやフィットネスジム、10スクリーンの映画館といったセンターの全施設で、幸運なお客さまへのオープニングデー特典をご用意します。お祝いの一日は、1000席あるアムダ劇場での音楽コンサートで締めくくられます。

■ 語注 □ be proud to do：～を光栄に思う □ announce：～を発表する、公表する □ ceremony：式典
□ multipurpose facility：多目的施設 □ officially：公式に □ shopping mall：ショッピングモール
□ screen：(映画の) スクリーン □ lucky：運の良い □ customer：顧客 □ celebration：祝賀会、祝典
□ conclude with ～：～で締めくくる □ seat：座席

■ 解説 **固有名詞が示す場所についての説明を聞き取る。** this multipurpose facility will officially open to the public という部分から正解が **Ⓑ** であると分かる。**Ⓐ ⒸⒹ** はこの施設に含まれてはいるがクイックリーセンターはそれらを全て合わせての多目的施設である。

問4 🌏

■ 正解 ① phone ② need ③ time ④ you ⑤ put ⑥ reach ⑦ game ⑧ now

■ 正解の選択肢 **Ⓓ**

■ 訳 スマホを見るのがやめられない？ そんなあなたに必要なのが「タイムラップ」です！ この新アプリが、毎日あなたの時間を大幅に節約してくれます。タイムラップで、スマートフォンの全てのアプリに時間制限をかけることができるようになります。例えば、ゲームアプリに1日の制限時間を設定しましょう。制限時間に達すると、タイムラップがあなたの代わりにゲームのセーブをしてアプリを閉じてくれます。今すぐダウンロードしましょう！

■ 語注 □ stop -ing：～することをやめる □ look at ～：～を見る □ app：(携帯電話などの) アプリ □ save ～ (人)
time：(人) の時間を節約する □ let ～ (人) do：(人) に～させる □ limit：制限 □ daily：毎日の □ gaming：
ゲーム用の □ save：セーブする、保存する

■ 解説 **Timewrapに続く説明に注意する。** Timewrap lets you set time limits on all your smartphone's apps. が聞き取れれば、スマホを見過ぎないようにするためのアプリであることが分かる。ゲームアプリについては単に例を挙げているだけである。

今日の
学習成果を、
実践形式の問題で
確認しよう!

▞▚ エクササイズ

ここでは短い英語の文章が2つあります。それぞれの文章につき問いが1つずつあります。音声を聞いて、答えとして最も適当なものを、4つの選択肢のうちから1つずつ選びましょう。

【解答と解説→『別冊解答集』p. 4】

問1 🎧009 🇺🇸

Where do you have to go to register?

- ☐ ❶ A military office.
- ☐ ❷ City hall.
- ☐ ❸ A hospital.
- ☐ ❹ A police station.

問2 🎧010 ✛

What is being advertised?

- ☐ ❶ A sports shop.
- ☐ ❷ A swimming pool.
- ☐ ❸ A supermarket.
- ☐ ❹ A drugstore.

▞▚ これだけは忘れんといて!

- 近い未来の予定を表すのに現在進行形を用いることがある。
- 時や場所を表す副詞句は、強調の場合を除き文の後半にくるのが一般的。
- 「**the**＋形容詞」で「〜の人々」という複数普通名詞の意味を表す。
- セールなどの宣伝で多用される表現を押さえておく。
- **l**（エル）と**r**の発音を正確に発音する。
- 語尾と次の語頭の音が同じ場合は、つなげて（連結させて）発音する。

学習ポイント →5W1Hを聞き取る②

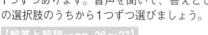

文中の語の類 [同] 義語は、設問や選択肢によく登場する。

 文中に登場した語が、設問や選択肢では違う語で出てくることがよくあります。今日は、5W1Hの聞き取りに加えて、こういった類 [同] 義語にも注意してみましょう。

まずは
練習問題で腕試し。
どれだけ聞ける?
どれだけ解ける?

レッツ トライ!

ここでは短い英語の文章が2つあります。それぞれの文章につき問いが1つずつあります。音声を聞いて、答えとして最も適当なものを、4つの選択肢のうちから1つずつ選びましょう。

【解答と解説→pp. 26〜27】

問1 🎧011 🇺🇸

What will OPEC representatives do next week?

- ☐ ① Meet in Cairo to discuss the recent rise in oil prices.
- ☐ ② Meet with leaders of Western nations in Cairo.
- ☐ ③ Reduce crude oil production.
- ☐ ④ Announce a new plan to control oil prices.

問2 🎧012 🇺🇸

How many people were injured in the attack?

- ☐ ① Five.
- ☐ ② Ten.
- ☐ ③ Fifteen.
- ☐ ④ Twenty.

ココが狙われまっせ!

問1では正解の選択肢の一部が、問2では設問の一部がそれぞれ英文中の語の類義・同義語に置き換えられている。また、問1では「いつ」「何を」やるか、問2では「数字」に注意。

正解とスクリプト

太字部分が
正解の「カギ」。
次ページの解説を
要チェック！

問1　正解　④　🎧011

■スクリプト　🇺🇸

Leaders of OPEC, / the organization of petroleum exporting countries, / are meeting this week / in Cairo, Egypt, to discuss ways / to control the recent rise / in oil prices. Western nations have been pressuring Middle Eastern governments / to address this problem, / as the price of crude oil has steadily risen.　OPEC representatives expect to **announce new policy decisions / next week**.

■語注

☐ OPEC：石油輸出国機構　☐ pressure ～ to do：～に……するように圧力をかける　☐ Middle Eastern：中東の　☐ address：(問題など) に取り組む　☐ crude oil：原油　☐ representative：代表 (者)　☐ expect to do：～すると思っている

■訳

OPEC、石油輸出国機構の指導者たちが今週、最近の石油価格の上昇を調整する方策について話し合うために、エジプトのカイロで会議を行います。原油価格が絶えず上昇しているため、西欧諸国は中東諸国の政府にこの問題に取り組むよう圧力をかけていました。OPECの代表たちは来週、新しい政策決定を発表する予定です。

OPECの代表たちは来週、何をする予定ですか？

① 最近の石油価格の上昇について話し合うためカイロに集まる。
② 西側諸国の指導者たちとカイロで会談する。
③ 原油の生産を下げる。
④ 石油価格を調整するための新しい計画を発表する。

問2　正解　④　🎧012

■スクリプト　🇺🇸

A huge explosion ripped through central Baghdad / early this morning, / killing five U.S. military personnel / and **wounding at least 20 nearby civilians**. Early reports blame the blast on Iraqi insurgents. They have called for all foreigners / to leave Iraq immediately.　The Pentagon has yet to release the names of the soldier victims / of today's attack.

■語注

☐ rip through ～：～ を荒々しく突き抜ける　☐ personnel：(軍隊などの) 人員　☐ wound：～を傷つける　☐ nearby：すぐ近くの　☐ civilian：一般市民、民間人　☐ blame ～ on ...：～の責任を……に負わせる　☐ blast：爆発　☐ Iraqi：イラク人の　☐ insurgent：反乱者、反乱軍の兵士　☐ call for ～ to do：～が……することを求める　☐ the Pentagon：(米国の) 国防省　☐ have yet to do：まだ～していない

■訳

今朝早く、バグダッド中心部で大きな爆発があり、5人のアメリカ軍兵士が死亡し、近くにいた少なくとも20人の一般市民が負傷しました。速報によると、爆発はイラク人反乱軍によるものだということです。彼らは、全ての外国人がイラクをすぐに去ることを求めていました。国防省は、今日の攻撃の犠牲となった兵士の名前をまだ公表していません。

何人の人が攻撃で負傷しましたか？

① 5人。
② 10人。
③ 15人。
④ 20人。

キムタツの3S解説

問1

設問のWhatだけに気を取られると思わぬミスを犯しかねない。ここでは、**What**に加えて、**next week**（来週）にも注意。石油価格の上昇を調整するための会議が今週（**this week**）行われて、来週には**announce new policy decisions**（新しい政策決定を発表する）とある。従って、正解は④となる。

Structure（構造） 挿入語句に惑わされて「主語＋動詞」を聞き逃さないこと。第1文の主語は**Leaders of OPEC**で、その後にコンマ（,）でくくられた同格の挿入語句が入っている。この後に**are meeting**という動詞がきていることに注意。挿入語句が読まれるときは、その前後に少し間が置かれることも音声を聞いて確認しておこう。

Sense（意味） 多義語の語義をより多く覚えておく。第2文の**address**は「住所」ではなく、ここでは動詞で、「（問題など）に取り組む」という意味で使われている。定義が多く記載されている語彙集などを使って、普段から語彙増強に努めておきたい。

Sound（発音） risenは「リズン」と発音する。**rise**（上昇する）が「ライズ」と発音されることから、過去分詞形の**risen**を「ライズン」と読む人が多いので注意。「ライズン」と発音すると思っていた人は、リスニングの練習が少ない証拠。今まで以上に、リスニングと音読の回数を増やそう。

問2

英文中の語が設問で言い換えられることがよくある。ここでは、英文中の**wound**（〜を傷つける）が設問では**injure**（〜を傷つける）となっている。**wounding at least 20 nearby civilians**（近くにいた少なくとも20人の一般市民が負傷し）とあるので、正解は④。

Structure（構造） 「主節と連続して起こること」を表す分詞構文の働きを押さえる。第1文の**killing**以下は、「（爆発に続いて）死者や負傷者が出た」ことを表している。分詞構文と言うと硬い響きがあるが、要は情報を追加する副詞句くらいに考えておくといい。

Sense（意味） 類義語を数多く覚えておく。一般に英語では、同じ語の繰り返しは避けることが多い。第1文中の**explosion**が第2文では**blast**に言い換えられていることを確認しておこう。類義語が多く掲載されている語彙集や、類義語辞典などを活用して、類義語を多くマスターしておきたい。

Sound（発音） アクセントの位置が違うと通じないこともある。**personnel**の発音を正しくできただろうか？ **personnel**は「パーソネウ」のように、「ネ」にアクセントを置く。繰り返しになるが、正しい発音をマスターするためには、何度も「聞き、そして音読すること」が大切。

🎧 **013、014** **音読に挑戦！** 音声013、014を再生して、各文の後のポーズ（無音）部分で英文を音読してみよう。意味の切れ目を表すスラッシュ（/）に注意！

ディクテーションで
「英語の耳」を
鍛えよう!

ドリル

音声を再生して、問1〜問4の空所に入る語または数字を書き取ってみましょう（1回で書き取れない場合は、聞き取れるまで繰り返し音声を聞きましょう）。その後で、それぞれの下にある設問に答えましょう。

【解答と解説→pp. 30〜31】

問1 🎧015 🇺🇸

Two people were ① (　　　　　　　　) early Saturday morning on
suspicion of ② (　　　　　　　　) into a ③ (　　　　　　　　) store and
stealing thousands of dollars' worth of precious ④ (　　　　　　　).
The two suspects were caught in a ⑤ (　　　　　　　) near the
scene of the crime, with the stolen goods in the back
⑥ (　　　　　　　). If convicted of the ⑦ (　　　　　　　), the two
could face up to ⑧ (　　　　　　　) years in prison.

盗難品はどこで発見されましたか?
Ⓐ 容疑者の家の中　Ⓑ 容疑者の車の中　Ⓒ 犯行現場近くの路上　Ⓓ 宝石店の倉庫

問2 🎧016 ➕

Recent studies show that more people are ① (　　　　　　　) at
② (　　　　　　　) than ever before. High-speed internet
③ (　　　　　　　) have made it easy for people to
④ (　　　　　　　) at home and still collect a ⑤ (　　　　　　　).
Most of the new ⑥ (　　　　　　　) is in internet
⑦ (　　　　　　　); a rapidly expanding industry – anyone with a
computer and an internet connection is now a potential
⑧ (　　　　　　　).

どのような人たちが増えていると言われていますか?
Ⓐ 在宅勤務者　Ⓑ インターネット使用者　Ⓒ 失業者　Ⓓ 顧客

問3 🎧 017 ✛

Yesterday's flooding is still causing ① (　　　　　　) throughout
the region, and more heavy ② (　　　　　　) is expected to start
this ③ (　　　　　). The airport is closed, and all
④ (　　　　　　) service has been suspended. Driving will be
⑤ (　　　　　　) as a number of roads remain ⑥ (　　　　　　　)
due to landslides. The authorities have asked ⑦ (　　　　　　) to
refrain from all but essential travel ⑧ (　　　　　) the weekend.

当局は車を運転する人にどういう連絡をしていますか?
Ⓐ 夜間のドライブを止める　Ⓑ 車の管理の徹底　Ⓒ 危険物の通知　Ⓓ 外出を控える

問4 🎧 018 🌐

Virtual reality can be a thrilling ① (　　　　　　) for gamers to get
involved more deeply with ② (　　　　　　), but the games still feel
quite ③ (　　　　　) to actual reality. That ④ (　　　　　)
be about to change. Researchers have developed a
⑤ (　　　　　) type of "skin" that users ⑥ (　　　　　) be
able to attach to themselves. Basically, it applies pressure and
temperature to the ⑦ (　　　　　). Some games are
⑧ (　　　　　) to get a lot more painful!

どういう変化が起ころうとしていますか?
Ⓐ 体調を損なう　Ⓑ ゲームへの圧力が高まる　Ⓒ 体に装着する　Ⓓ ソフトの価格が上がる

//// **Advice from** キムタツ
ニュースは最初にトピック全体の要約があるのが一般的。2文目以降が詳細の説明に
なる。細部の数字の聞き取りは必須やから、数字が出てきたらメモを取る習慣をつけ
たいね。ある文を聞き逃しても焦らないこと。聞き取れんでも次の文から推測するこ
とは十分可能やからね。

ドリル解説

どれだけ
聞き取れたかを
チェック。

問1 🇺🇸

■ 正解　① arrested　② breaking　③ jewelry　④ stones　⑤ car
　　　　⑥ seat　⑦ crime　⑧ 20

■ 正解の選択肢　**B**

■ 訳　宝石店に侵入して数千ドル相当の宝石を盗んだ容疑で、土曜日の早朝に2人が逮捕されました。容疑者2人は犯行現場近くで、後部座席に盗難品を置いて車にいるところを逮捕されました。有罪を宣告されると、2人は20年の刑を受けることになります。

■ 語注　□ on suspicion of ～：～の容疑で　□ break into ～：（家・店舗）に押し入る　□ worth：（金銭的な）価値　□ precious stone：宝石　□ suspect：（犯罪の）容疑者　□ the scene of the crime：犯行現場　□ convict ～ of . . . ：～に……についての有罪を宣告する　□ face：～に直面する　□ in prison：拘留されて、獄中に

■ 解説　**場所を問う問題では、in、at、onなど場所を示す前置詞に注意する。** 第2文に**The two suspects were caught in a car . . . with the stolen goods in the back seat.**とあるので、**B**が正解となる。同じ文中にある**near the scene of the crime**から**C**を選ばないようにしたい。

問2 ➕

■ 正解　① working　② home　③ connections　④ stay　⑤ paycheck
　　　　⑥ work　⑦ commerce　⑧ customer

■ 正解の選択肢　**A**

■ 訳　最近の研究によると、在宅勤務をする人の数が以前よりも増えているとのことです。高速のインターネット接続によって、自宅にいながらにして給料を受け取ることが容易になったのです。新しい仕事のほとんどは、急速に拡大している産業であるインターネット商取引に関わるもので──コンピューターとインターネット接続環境がある人なら誰でも、今では潜在的な顧客になっているのです。

■ 語注　□ high-speed：高速（度）の　□ connection：接続　□ paycheck：給料、給料支払小切手　□ commerce：商業　□ rapidly：急速に　□ expand：拡大する　□ potential：潜在的な、可能性のある

■ 解説　**時事の話題にも関心を持っておきたい。** 環境問題などは取り上げられる可能性が高いので、社会に関するニュースなども新聞で読んで、ある程度知っておこう。ここでは第1文で**Recent studies show that more people are working at home**と述べているので、正解は**A**となる。この**study**は「研究」、**show**は「～ということを明らかにする、示す」という意味。

問3 ✦

■ 正解　① problems　② rain　③ afternoon　④ train　⑤ difficult　⑥ closed　⑦ drivers
　　　　⑧ until

■ 正解の選択肢　Ｄ

■ 訳　昨日の洪水は今なお全地域に問題を引き起こしており、今日の午後にはさらに激しい雨が降り始めると予想されます。空港は閉鎖され、鉄道の全運行が停止しています。土砂崩れによって幾つもの道路が閉鎖されたままであるため、車での移動も困難でしょう。当局は、週末まで必要不可欠な移動以外は控えるよう、ドライバーに呼び掛けています。

■ 語注　□ flooding：洪水　□ cause：〜を引き起こす　□ throughout：〜のいたる所で　□ region：地域、地方　□ be expected to do：〜するだろうと予測される　□ suspend：〜を中断する、一時停止にする　□ remain：依然として〜のままである　□ due to 〜：〜が原因で　□ landslide：地滑り、土砂崩れ　□ authority：(通例複数形で) 当局　□ refrain from 〜：〜を控える　□ essential：不可欠の

■ 解説　「誰が」「誰に」「何を」の情報に注意する。ここでは、最終文の**The authorities have asked drivers to refrain from all but essential travel**が聞き取れれば、正解は Ｄ だと分かる。そもそも全体を聞いて、災害が起こっていることを聞き取れたかどうかが何よりも大切。

問4 🌐

■ 正解　① way　② games　③ different　④ may　⑤ new　⑥ will　⑦ user　⑧ about

■ 正解の選択肢　Ｃ

■ 訳　バーチャル・リアリティーはゲームをする人がゲームにより深く入り込むためのわくわくするような手段になり得ますが、当のゲームはまだ実際の現実とは感触がだいぶ違います。それがそろそろ変わるかもしれません。研究者たちは、ユーザーが自分の体に装着できる、新しいタイプの「皮膚」を開発しました。基本的にそれは、ユーザーに圧力と温度を伝えます。ゲームによっては、かなり痛みが増すことになりそうです！

■ 語注　□ virtual reality：バーチャル・リアリティー、仮想現実　□ thrilling：ぞくぞくさせる、わくわくさせる　□ get involved with 〜：〜に熱心に関わる　□ deeply：(程度・度合いが) 深く　□ actual：現実の　□ be about to do：まさに〜しようとしているところだ　□ researcher：研究者　□ user：利用者、ユーザー　□ attach：取り付ける、貼り付ける　□ basically：基本的に　□ apply to 〜：(力・熱などを) 〜に加える　□ pressure：圧迫　□ temperature：温度　□ painful：痛い、つらい

■ 解説　changeの後で説明されている箇所に注意する。**Researchers have developed a new type of "skin" that users will be able to attach to themselves.**から推測する。さらに最終文で**get a lot more painful**とあるので、体に装着することが分かる。

エクササイズ

ここでは短い英語の文章が2つあります。それぞれの文章につき問いが1つずつあります。音声を聞いて、答えとして最も適当なものを、4つの選択肢のうちから1つずつ選びましょう。

【解答と解説→『別冊解答集』p. 5】

今日の
学習成果を、
実践形式の問題で
確認しよう！

問1 🎧019

What is true of the news?

- ☐ ❶ Muggy was arrested after his performance at the local club.
- ☐ ❷ Three men were injured in a fight with Muggy.
- ☐ ❸ Muggy was found guilty of assault.
- ☐ ❹ Muggy was sent to the hospital after his performance at the local club.

問2 🎧020

How many shark attacks have there been this year?

- ☐ ❶ One.
- ☐ ❷ Two.
- ☐ ❸ Three.
- ☐ ❹ Four.

これだけは忘れんといて！

- 挿入語句に惑わされて「主語＋動詞」を聞き逃さないこと。
- 「主節と連続して起こること」を表す分詞構文の働きを押さえる。
- 多義語の語義をより多く覚えておく。
- 類義語を数多く覚えておく。
- **risen**は「リズン」と発音する。
- アクセントの位置が違うと通じないこともある。

Day 3

Chapter 1

date of study 学習日	month 月	day 日

学習ポイント → 複数の情報を整理する①

一部を集中して聞き取る「拾い聞き」の力も必要。

数字の聞き取り問題は、入試問題では必ず出題されると予想されます。聞き取り自体は難しくなくても、計算が必要となる場合はどうでしょう？ 早速問題にトライ！

まずは
練習問題で腕試し。
どれだけ聞ける？
どれだけ解ける？

レッツ トライ！

幾つかの並列情報の中から正解を導く問題では、その情報を「拾い聞き」して比べれば答えが得られる場合があります。今日は、そのテクニックをマスターしましょう。

【解答と解説→pp. 34〜35】

問1 🎧 021 ➕

What should a caller do in an emergency?

- ① Leave a message.
- ② Call the mobile phone number.
- ③ Call the speaker at work.
- ④ Keep an answering machine on.

問2 🎧 022 🇺🇸

Which city will have the highest temperature tomorrow?

- ① Tokyo.
- ② Chiba.
- ③ Yokohama.
- ④ Saitama.

ココが狙われまっせ！

問1では、電話のかけ手に求められていることは2つ。問2は、「4つの都市」と「最高気温」の部分に集中して、「拾い聞き」する力が試されている。

正解とスクリプト

太字部分が
正解の「カギ」。
次ページの解説を
要チェック!

問1　正解 ②　🎧 021

■スクリプト

Hi. You've reached my answering machine, / so I'm either not home / or unavailable / to take your call. Leave your name, / phone number / and the time you called / after the tone, / and I'll get back to you / as soon as I can. **If you have an emergency, / you can try me on my cellphone**, / 638-7429, / although if I'm in a meeting, / I won't answer that either. Thanks.

■語注

□ reach：〜と連絡する　□ answering machine：留守番電話　□ unavailable：話をする時間がない　□ leave：(伝言など) を託す、預ける　□ tone：発信音　□ get back to 〜：〜に折り返し電話をする　□ emergency：緊急事態

■訳

もしもし。留守番電話につながっていますので、私は不在中かまたは電話に出ることができません。発信音の後に、お名前と電話番号、そして電話をした時間を言ってください。できるだけ早く、折り返しお電話します。緊急の場合は、私の携帯電話638-7429にお電話ください。しかし、会議中の場合は電話に出られないかもしれません。よろしくお願いいたします。

緊急の場合、電話のかけ手はどうするべきですか?

❶ 伝言を残す。
❷ 携帯電話の番号に電話をする。
❸ 話し手の職場に電話をする。
❹ 留守番電話をつけたままにしておく。

問2　正解 ①　🎧 022

■スクリプト

The weather in Kanto will be hot and humid / tomorrow. **Tokyo will see a high of 35** / and a low of 27. Chiba will have a high of 34 / and a low of 25. Yokohama's high will be 32 / with a low of 24. And finally, / Saitama will see partially cloudy skies / with a high of 33 / and a low of 26.

■語注

□ humid：湿気の多い、(高温) 多湿の　□ see：(場所などが) 〜に遭遇する　□ high：最高気温　□ low：最低気温　□ partially：部分的に

■訳

明日の関東地方は高温で湿度が高いでしょう。東京の最高気温は35度、最低気温は27度でしょう。千葉の最高気温は34度、最低気温は25度でしょう。横浜の最高気温は32度、最低気温は24度でしょう。最後に、埼玉は所により曇りで、最高気温は33度、最低気温は26度になるでしょう。

明日はどの都市で気温が最も高くなるでしょう?

❶ 東京。
❷ 千葉。
❸ 横浜。
❹ 埼玉。

Day 3

キムタツの 3S 解説

話さなくちゃ
身に付かない。
解説を読んだら
「音読」も
忘れずに！

問1

What should [must] 〜 do?型の問題では、英文中の動詞に特に注意。緊急の場合（**in an emergency**）には**you can try me on my cellphone**（携帯電話にお電話ください）とあるので、正解は❷となる。**try 〜 on**が選択肢では**call**に置き換えられていることにも注意。

Structure（構造） either A or Bは「AかBのどちらか」という意味。第2文後半の**I'm either not home or unavailable**の部分で確認しておこう。

Sense（意味） 電話特有の表現に慣れておく。**reach**（[電話などで]〜と連絡する）、**get back to 〜**（〜に折り返し電話をする）など簡単な語や表現でも、すぐに口をついて出てこないのでは？「使える」ことは「聞き取れる」こと。しっかりマスターしておこう。第2文の**unavailable**は「話をする時間がない」といった意味。

Sound（発音） 語尾のg音は弱く発音されるか、ほとんど発音しない。**answering**、**meeting**がそれぞれ「アンサリン」「ミーティン」と読まれていることを音声で確認しておこう。**will not**の短縮形の**won't**は「ウォウントゥ」と発音する。**want**（ウォントゥ）と間違えないようにしたい。

問2

要所だけを聞いて答えを導く「拾い聞き」も重要なテクニック。ここでは**highest temperature**（最高気温）の数字だけを拾い聞けばよい。東京の「**35**」が最も高いので正解は❶となる。

Structure（構造） 天気予報で最高［最低］気温を示す場合は**have**、**see**、**with**を用いることが多い。スクリプトでさまざまな表現方法をチェックしておこう。

Sense（意味） 天気予報では「最高気温」は**high**、「最低気温」は**low**で表すのが普通。**high(est) [low(est)] temperature**と言うこともできるが、冗長にならないように簡略するため。**a high [low] of 〜**（〜度の最高［最低］気温）という言い方にも慣れておきたい。

Sound（発音） 強調するとき以外の**will**は「ウィゥ」と弱く発音する。時にはさらに弱く「ル」または「ウ」だけしか聞こえないこともある。**twenty**（20）は、「トゥウェンティ」のほかに「トゥウェニ」と発音されることも多い。

🎧 **023、024** 音読に挑戦！ 音声023、024を再生して、各文の後のポーズ（無音）部分で英文を音読してみよう。意味の切れ目を表すスラッシュ（/）に注意！

ディクテーションで
「英語の耳」を
鍛えよう!

ドリル

音声を再生して、問1〜問4の空所に入る語または数字を書き取ってみましょう（1回で書き取れない場合は、聞き取れるまで繰り返し音声を聞きましょう）。その後で、それぞれの下にある設問に答えましょう。

【解答と解説→pp. 38〜39】

問1 🎧 025 🔵

Hello, and thank you for ① (   ) the House of Carpets. Unfortunately, our ② (   ) is closed at the moment. Business hours are from 9 a.m. to 5 p.m., ③ (   ) through ④ (   ), and we are ⑤ (   ) all day ⑥ (   ). Please leave your name, a callback number and a message ⑦ (   ) your question or concern after the tone. We ⑧ (   ) your business. Thank you for your call.

この店の休業日はいつですか？

Ⓐ 日曜日   Ⓑ 月曜日   Ⓒ 水曜日   Ⓓ 土曜日

問2 🎧 026 🔵

New York will see another cold spell starting next week. Monday's high will be ① (   ) degrees, with a low of minus ② (   ). Tuesday will be slightly warmer with a high of ③ (   ) and a low of minus ④ (   ). Wednesday should be about the same, with a high of ⑤ (   ) and a low of minus ⑥ (   ). Thursday, the high will reach just ⑦ (   ) degrees, and the low minus ⑧ (   ).

最高気温が最も低くなるのは何曜日だと言われていますか？

Ⓐ 日曜日   Ⓑ 火曜日   Ⓒ 水曜日   Ⓓ 木曜日

問3 🎧 027 🌐

Hi. You're through to Honest Jon's Pizza Takeout. We're pretty
① (   ) right now, but if you want to place an
② (   ), you can press ③ (   ) for our digital
ordering service. If you're ④ (   ) for an order to be
delivered, press ⑤ (   ) for an update. If you want to
⑥ (   ) to one of our restaurant staff, just
⑦ (   ) the line and we'll be with you as
⑧ (   ) as we can.

スタッフと話したい場合はどうすればよいでしょうか？
Ⓐ 1を押す　Ⓑ 2を押す　Ⓒ そのまま待つ　Ⓓ 別の番号にかける

問4 🎧 028 ✛

Hello, there. Well, I'm afraid the cloudy, ① (   ) weather
we've had over the last few days is set to continue on
② (   ), with a high of ③ (   ) degrees in
the afternoon. However, as we move into the ④ (   ), the
⑤ (   ) will ease off and there will be a bit more
⑥ (   ) breaking through the ⑦ (   ). The
temperature will be warming up, too, with an expected high of
⑧ (   ) degrees on Sunday.

土曜日の天候はどうなりますか？
Ⓐ 晴れ間がある　Ⓑ 雨が降り続ける　Ⓒ 肌寒い　Ⓓ 雪が多い

▮▮ Advice from キムタツ

電話で英語を話すのは大変です。電話で海外の会社と交渉する人は、数字を1つ聞き間違えただけで会社に何億もの損をもたらしかねないんやから真剣勝負です。採用の基本は「英語とパソコンができること」という会社が多いのもうなずけますね。

ドリル解説

どれだけ
聞き取れたかを
チェック。

問1 🇺🇸

■ 正解　① calling　② office　③ Monday　④ Saturday　⑤ closed
　　　　⑥ Sunday　⑦ detailing　⑧ appreciate

■ 正解の選択肢　Ⓐ

■ 訳　ハウスオブカーペッツにお電話いただき、ありがとうございます。残念ながら、当店はただ今閉店しております。営業時間は月曜日から土曜日までの午前9時から午後5時までとなっており、日曜日は閉店しております。発信音の後に、お名前、折り返しのお電話番号、そしてお問い合わせ内容やご用件についてのメッセージを残してください。お客さまのご愛顧に感謝申し上げます。お電話ありがとうございました。

■ 語注　□ unfortunately：残念ながら、あいにく　□ at the moment：今、今のところ　□ business hours：営業時間
　　　　□ callback：折り返しの電話　□ detail：〜を詳しく述べる　□ concern：関心事、用事　□ tone：発信音
　　　　□ appreciate：〜を感謝する

■ 解説　**複数の「曜日」が何を表しているか正確に聞き取る。** 第3文に、この店の営業時間（**business hours**）として、**from 9 a.m. to 5 p.m., Monday through Saturday**とある。その直後で、**we are closed all day Sunday**と続けているので、正解はⒶとなる。単なる曜日の聞き取りだけでなく、その曜日が何を示しているのかも併せて理解できるようにしよう。

問2 🇯🇵

■ 正解　① 5　② 10　③ 7　④ 8　⑤ 6　⑥ 5　⑦ 2　⑧ 15

■ 正解の選択肢　Ⓓ

■ 訳　ニューヨークは来週、まだ寒い期間が続くでしょう。月曜日の最高気温は5度で、最低気温はマイナス10度です。火曜日は少し暖かくなり、最高気温は7度、最低気温はマイナス8度でしょう。水曜日はほとんど同じで、最高気温は6度、最低気温はマイナス5度でしょう。木曜日の最高気温は2度、最低気温はマイナス15度になるでしょう。

■ 語注　□ spell：（特定の天候の）続く期間　□ minus：マイナスの　□ slightly：わずかに、少し　□ same：同様に、同じように　□ reach：〜に達する

■ 解説　**設問を読んで、「数字」の聞き取り問題だとすぐに判断する。** 設問にあるそれぞれの曜日の最高気温は、日曜日は言われておらず、火曜日が**a high of 7**、水曜日が**a high of 6**、木曜日が**the high will reach just 2 degrees**とあるので、Ⓓが正解となる。「最高気温」が**high**で表されていることも確認しておこう。

問3 🌐

■ 正解　① busy　② order　③ 1　④ waiting　⑤ 2　⑥ speak　⑦ hold　⑧ quickly

■ 正解の選択肢　**C**

■ 訳　こんにちは。お電話はオネスト・ジョン持ち帰りピザ店につながっています。ただ今手が離せませんが、ご注文をなさるには、1を押してデジタル注文サービスにお進みください。注文品の配達をお待ちでしたら、2を押して最新状況確認にお進みください。当店スタッフとお話しになるには、電話を切らずにそのままお待ちいただければ、できるだけ早く応対いたします。

■ 語注　□ through：電話がつながって　□ pretty：かなり、とても　□ place an order：注文を出す　□ press：押す　□ deliver：配達する　□ update：最新情報　□ hold the line：電話を切らずに待つ

■ 解説　**指示が順に言われるので落ち着いて聞き取る。** If you want to speak to one of our restaurant staff, just hold the line とあるので、**C**が正解。**hold the line**（電話を切らずに待つ）は頻出表現なので覚えておきたい。

問4 ✦

■ 正解　① wet　② Friday　③ 19　④ weekend　⑤ rain　⑥ sunshine　⑦ clouds　⑧ 25

■ 正解の選択肢　**A**

■ 訳　こんにちは。さて、残念ながら、ここ数日の雲の立ち込めた雨降りの天気は金曜日も続きそうで、午後の最高気温は19度となるでしょう。ですが、週末に入ると雨が弱まり、雲間から日が差すことが少し増えるでしょう。気温も上昇し、日曜日の最高気温は25度と予想されます。

■ 語注　□ Hello, there.：（呼び掛け）やあ。　□ I'm afraid 〜：残念ながら〜のようだ　□ cloudy：曇りの　□ wet：雨の降る　□ over：〜の間ずっと　□ set to do：〜すると予想される　□ ease off：弱まる、和らぐ　□ a bit：少し　□ sunshine：日光、日差し　□ cloud：雲　□ temperature：気温

■ 解説　**設問を読んで、土曜日についての情報を待とう。** Saturday の語が出るとは限らない。**as we move into the weekend, the rain will ease off and there will be a bit more sunshine breaking through the clouds** から判断する。

エクササイズ

今日の
学習成果を、
実践形式の問題で
確認しよう！

ここでは短い英語の文章が2つあります。それぞれの文章に問いが1つずつ
あります。音声を聞いて、答えとして最も適当なものを、4つの選択肢のう
ちから1つずつ選びましょう。

【解答と解説→『別冊解答集』p. 6】

問1 🎧 029 ✛

What is Steven asked to do?

☐ ❶ Take an animal for a walk.
☐ ❷ Call Claire at home.
☐ ❸ Buy food for dinner.
☐ ❹ Stay at home.

問2 🎧 030 🇺🇸

What will the weather be like in Miami tomorrow?

☐ ❶ Sunny.
☐ ❷ Windy.
☐ ❸ Hot.
☐ ❹ Rainy.

これだけは忘れんといて！

● **either A or B**は「**A**か**B**のどちらか」という意味。
● 天気予報で最高［最低］気温を示す場合は**have**、**see**、**with**を用いることが
多い。
● 電話特有の表現に慣れておく。
● 天気予報では「最高気温」は**high**、「最低気温」は**low**で表すのが普通。
● 語尾の**g**音は弱く発音されるか、ほとんど発音しない。
● 強調するとき以外の**will**は「ウィゥ」と弱く発音する。

date of study / 学習日 | month / 月 | day / 日

学習ポイント → 複数の情報を整理する②

登場する数字は必ずメモしておくこと!

 複数の情報を把握するにはメモを取ることが有効です。今日は、複数の数字を聞き取って必要なものをメモ書きし、正解を導く練習に挑戦してみましょう。

まずは
練習問題で腕試し。
どれだけ聞ける?
どれだけ解ける?

レッツ トライ!

ここでは短い英語の文章が2つあります。それぞれの文章につき問いが1つずつあります。音声を聞いて、答えとして最も適当なものを、4つの選択肢のうちから1つずつ選びましょう。

【解答と解説→pp. 42〜43】

問1 🎧 031 🇺🇸

Where should passengers bound for Boston go?

- ☐ ① Platform 2.
- ☐ ② Platform 8.
- ☐ ③ Platform 10.
- ☐ ④ Platform 12.

問2 🎧 032 🇺🇸

Which of the following is discounted most?

- ☐ ① School uniforms.
- ☐ ② Notebooks.
- ☐ ③ Jeans.
- ☐ ④ Pencil cases.

ココが狙われまっせ!
問1では、プラットホームの数字以外にも時刻や便名の数字が多く登場するので注意。
問2では、割引率の数字をメモしてみよう。

正解とスクリプト

太字部分が
正解の「カギ」。
次ページの解説を
要チェック!

問1　正解　② 🎧031

■スクリプト

May we have your attention, please? Due to mechanical problems, / Platform 12 has been closed. Once again, / Platform 12 has been closed. **Passengers waiting for** Amtrak 376, / bound for Phoenix at 1:35 p.m., / and **Amtrak 101, / bound for Boston** at 2:00 p.m., / **should move to Platform 8.** I repeat, / passengers waiting for Amtrak 376 and 101, / please move to Platform 8. Both trains are expected to be / on time.

■語注

□ due to ～：～のために　□ passenger：乗客　□ Amtrak：アムトラック、全米鉄道旅客公社　□ bound for ～：(列車などが) ～行きの　□ on time：時間通りに、定刻に

■訳

皆さまにお知らせいたします。機械の故障のため、12番ホームは閉鎖されています。繰り返します。12番ホームは閉鎖されています。午後1時35分発フェニックス行きアムトラック376便、ならびに午後2時発ボストン行きアムトラック101便をお待ちのお客さまは、8番ホームへ移動をお願いいたします。繰り返します。アムトラック376便と101便をお待ちのお客さまは、8番ホームへ移動をお願いいたします。どちらの列車も、定刻通りとなっております。

ボストン行きの乗客はどこに行くべきですか?

①2番ホーム。
②8番ホーム。
③10番ホーム。
④12番ホーム。

問2　正解　④ 🎧032

■スクリプト

Welcome to Wal-Market. Summer is almost over, / and it's time / to send the kids back to school. Today in our stationery department, / **pencil cases and colored pencils are up to 50 percent off**, / while our selection of colorful notebooks is 25 percent off. Finally, / send your kids to class / in style / with new jeans / from our children's wear department, / reduced by up to 30 percent. Thank you for shopping / at Wal-Market.

■語注

□ over：終わって　□ stationery：文房具　□ up to ～：(最高) ～まで　□ off：割り引いて　□ while：～と同時に、そして一方～　□ in style：さっそうと、派手に、格好よく　□ selection of ～：さまざまな～　□ reduce：(値段など) を下げる

■訳

ウォルマーケットへようこそ。夏も終わりに近づいて、子どもたちを学校へ送り戻すころです。本日、当店の文房具売り場では、筆箱と色鉛筆が最大50パーセント引きとなっており、またさまざまな色のノートが25パーセント引きとなっております。最後に、当店の子ども衣料品売り場の新しいジーンズを着せて、格好よく子どもたちを教室へ送りましょう。こちらは最大30パーセント引きです。ウォルマーケットをご利用いただき、ありがとうございます。

次のどれが最も割り引かれていますか?

①学校の制服。
②ノート。
③ジーンズ。
④筆箱。

キムタツの3S解説

話さなくちゃ
身に付かない。
解説を読んだら
「音読」も
忘れずに!

問1

「拾い聞き」しながら、メモを取る練習をしておきたい。 ここでは「都市名＋ホームの番号」がポイント。 第4文に **Passengers waiting for . . . Amtrak 101, bound for Boston . . . should move to Platform 8.** とあるので、正解は②となる。

Structure（構造） 分詞句が名詞を後ろから修飾している場合は、「関係代名詞＋be動詞」を補うと分かりやすい。 **Passengers waiting for Amtrak 376** は、**Passengers (who are) waiting for Amtrak 376** のように **who are** を補ってみよう。 分詞句ではないが、直後の形容詞句の **bound for Phoenix** も、**Amtrak 376, (which is) bound for Phoenix** のように **which is** を補うと、**Amtrak 376** を後ろから修飾していることが理解しやすくなる。

Sense（意味） **May we have your attention, please?** は「お知らせします」と丁寧に言うときの慣用表現。 主語が **we** となっているのは「駅員を代表して」というニュアンスが加わっているため。 **(Your) Attention, please.** のように簡潔に言うこともできる。

Sound（発音） 日本語のカタカナ表記通りに発音しない。 **platform** は日本語では「プラットホーム」と書くことが多いが、正しくは「プラットゥフォーム」。 f の音は上の前歯で下唇を軽くかむ感じで正しく発音しよう。

問2

数字のメモは必ずしておきたい。 割引率として登場するのは順に 50、25、30 の3つ。 最大の50パーセント引きとなっているのは **pencil cases and colored pencils**（筆箱と色鉛筆）なので、④ が正解となる。 50（**fifty**）と15（**fifteen**）も正確に聞き分けられるようにしておきたい。

Structure（構造） ~, while . . . は、~, and . . . を表すことが多い。 **while** と言うと「~している間に」という意味を思い出すが、主節の後にコンマ (,) 置いて **while** を続けた場合、**while** はほぼ **and** と同じ意味になる場合が多いことも覚えておこう。

Sense（意味） up to ~ は「(最高) ~まで」という数量の限度を表す。 ここでの **up to 50 percent off** や **reduced by up to 30 percent** は、その数を限度にしてそれ以下の割引があることを表している。

Sound（発音） 50（**fifty**）のアクセントは前にくる。 15 は「フィフティーン」のようにアクセントが後ろにくる。 ごく簡単な違いだが、正確に発音できない人は結構多い。 **-ty** と **-teen** の聞き分けはよく出題されるので、正しく身に付けておこう。

🎧 033、034 **音読に挑戦!** 音声033、034を再生して、各文の後のポーズ（無音）部分で英文を音読してみよう。意味の切れ目を表すスラッシュ (/) に注意!

ドリル

ディクテーションで
「英語の耳」を
鍛えよう!

音声を再生して、問1〜問4の空所に入る語または数字を書き取ってみましょう（1回で書き取れない場合は、聞き取れるまで繰り返し音声を聞きましょう）。その後で、それぞれの下にある設問に答えましょう。

【解答と解説→pp. 46〜47】

問1 🎧035 🇺🇸

Welcome aboard VIA Rail's westbound train service for Vancouver. For your information, we will be arriving in Vancouver on Thursday morning at 9:15 a.m. ① (　　　　　　　　) seats are located in cars
② (　　　　　　　) through ③ (　　　　　　　　　　);
④ (　　　　　　　) in cars ⑤ (　　　　　　　) through
⑥ (　　　　　　); and ⑦ (　　　　　　　　) cabins in cars
⑧ (　　　　　　) and ⑨ (　　　　　　　). The restaurant car is located in car 4, and showers in cars 5 and 9. The final car contains an observation deck.

寝台車は何号車にありますか?
Ⓐ 1号車から3号車　Ⓑ 6号車から8号車　Ⓒ 5号車と9号車　Ⓓ 10号車と11号車

問2 🎧036 ➕

Hello, and thank you for shopping at K Market. It is now
① (　　　　　　　　) p.m., and in a few minutes the store will be closing. We are ② (　　　　　　　) every day from
③ (　　　　　　) a.m. to ④ (　　　　　　　　) p.m., and on
⑤ (　　　　　　) until ⑥ (　　　　　　　　) p.m. We now ask that all ⑦ (　　　　　　　) please take their ⑧ (　　　　　　　　) to the checkout counters. Once again, thank you for shopping with us today, and please come back soon.

土曜日の閉店時刻は何時ですか?
Ⓐ 6時　Ⓑ 7時　Ⓒ 8時　Ⓓ 10時

問3 🎧 037 ➕

And now, here's a traffic newsflash just in. If you're heading eastbound into the ① (   ) on Highway ② (   ), please be aware that there's been an accident involving as many as ③ (   ) vehicles. Major traffic jams are expected for at least the next ④ (   ) to three hours while the scene is being cleared up. ⑤ (   ) are advised, if possible, to ⑥ (   ) alternative routes Highway ⑦ (   ) to the north of Highway ⑧ (   ) or Metropolitan Avenue to the south.

ドライバーにどういう要請が行われていますか?

Ⓐ ハイウエー15号に迂回する　Ⓑ ハイウエーを使わない　Ⓒ ハイウエー90号に迂回する
Ⓓ メトロポリタン通りには迂回しない

問4 🎧 038 🌐

Good afternoon, shoppers, and thank you for ① (   ) at Smartmart. I'd like to ② (   ) you to take advantage of our Smartmart eco-point system. In aisles ③ (   ) and ④ (   ), you will find all of our own-brand Eco-special products. If you buy ⑤ (   ) from this range today, you will get ⑥ (   ) Eco-points on your Eco Card. To sign up for a Smartmart Eco Card, head over to our ⑦ (   ) service staff at the ⑧ (   ) of Aisle 10.

どうすればエコポイントが2倍になりますか?

Ⓐ 自社ブランドのエコスペシャル商品を買う　Ⓑ カスタマーサービスで申請する
Ⓒ スマートマートで買う　Ⓓ エコカードで支払いをする

▟▟ Advice from キムタツ

ロンドンに行ったとき、チャーリングクロス駅で大きな荷物を抱え、駅のアナウンスが聞き取れずに泣きそうになっている日本人の女子高生を助けてあげたことがあります。アナウンスが聞けないと大変です。彼女は無事に列車に乗りましたが、あの後は大丈夫やったんかなぁ。

ドリル解説

どれだけ
聞き取れたかを
チェック。

問1 🇺🇸

■ 正解　① Economy　② 1　③ 3　④ sleepers　⑤ 6　⑥ 8　⑦ private　⑧ 10　⑨ 11

■ 正解の選択肢　Ⓑ

■ 訳　バンクーバー行き、ビア鉄道西方面列車へようこそ。ご参考までにご案内いたします。当列車は、木曜日の朝9時15分にバンクーバーに到着予定です。エコノミークラスの座席は1号車から3号車、寝台車は6号車から8号車、個室は10号車と11号車となっております。食堂車は4号車に、シャワーは5号車と9号車にございます。最後尾の車両には展望デッキがございます。

■ 語注　□ VIA Rail：(カナダの) ビア鉄道　□ westbound：西行きの　□ for your information：ご参考までに
□ economy：エコノミークラスの　□ be located：位置する　□ car：客車　□ sleeper：寝台車 (の客室)
□ cabin：客室　□ restaurant car：食堂車　□ contain：〜を含む　□ observation：観察

■ 解説　「範囲」の聞き取りは、数字1つの聞き取り問題よりも難しくなる。ここでは、寝台車 (**sleeper**) が何号車から何号車までに及んでいるかを聞き取らなくてはならない。これについては、第3文の中盤に **sleepers in cars 6 through 8** とあるので、Ⓑ が正解となる。なおこの箇所は、直前の Economy seats are located in cars 1 through 3 を受けているので、**sleepers (are located) in cars 6 through 8** のように、**are located** が省略されている。

問2 🇨🇦

■ 正解　① 7:55　② open　③ 10　④ 8　⑤ Sundays　⑥ 6　⑦ customers　⑧ purchases

■ 正解の選択肢　Ⓒ

■ 訳　Kマーケットをご利用いただき、ありがとうございます。ただ今は午後7時55分で、間もなく当店は閉店いたします。当店の営業時間は毎日午前10時から午後8時までで、日曜日は午後6時までとなっております。全てのお客さまはお買いいただく商品をレジへとお持ちいただくよう、お願い申し上げます。繰り返します。当店をご利用いただき、ありがとうございます。またのお越しをお待ちしております。

■ 語注　□ customer：顧客　□ purchase：購入品　□ checkout counter：(スーパーなどの) レジ

■ 解説　「範囲」の聞き取りから「部分」を読み取る。文中では土曜日 (**Saturday**) という語は登場しないが、第3文で **We are open every day from 10 a.m. to 8 p.m., and on Sundays until 6 p.m.** と述べられていることから、正解は Ⓒ だと分かる。ある範囲の中の部分について答える問題では、正答率が下がると予想される。設問にある語が英文に登場しない場合があることも覚えておこう。

問3 ✛

■ 正解　① city　② 15　③ eight　④ two　⑤ Drivers　⑥ take　⑦ 90　⑧ 15

■ 正解の選択肢 **C**

■ 訳　さてここで、ただ今入ってきた交通速報です。ハイウエー15号を東方向、市内に向かっている方はご注意ください。8台もの車両が絡む事故が起こりました。現場の処理をする間、今後少なくとも2〜3時間は大規模な交通渋滞が予想されます。ドライバーの皆さんは、可能であれば、ハイウエー15号の北にあるハイウエー90号か南にあるメトロポリタン通りといった別ルートを取ることをお勧めします。

■ 語注　□ newsflash：ニュース速報　□ head (into 〜)：(〜へ) 向かう　□ eastbound：東回りの、東向きの　□ be aware that 〜：〜であることを知っておく、注意する　□ involve：(人・物) を巻き込む　□ vehicle：自動車　□ traffic jam：交通渋滞　□ scene：現場、現地　□ advise 〜 to do：〜 (人) に…するよう勧める　□ alternative：代わりの、代替の　□ route：道

■ 解説　**出てくる数字に注意。** それぞれの数字が何を示すかメモを取るとよい。**Drivers are advised, if possible, to take alternative routes Highway 90**とあるので **C** が正解。**Metropolitan Avenue**に迂回しても構わないので、**D** は不適当。

問4 🌐

■ 正解　① shopping　② invite　③ 7　④ 8　⑤ anything　⑥ double　⑦ customer　⑧ end

■ 正解の選択肢 **A**

■ 訳　いらっしゃいませ、お客さま、スマートマートでお買い物いただきありがとうございます。当スマートマートのエコポイント・システムのご利用についてご案内申し上げます。7番と8番の通路に、当店の独自ブランド、エコスペシャル商品を取りそろえております。本日このシリーズのどれでもお買い上げいただくと、エコカードにエコポイントを2倍お付けします。スマートマート・エコカードのお申し込みは、10番通路突き当たりにおりますカスタマーサービス係のところまでお越しください。

■ 語注　□ shopper：買い物客　□ invite someone to do：(人) に〜するように勧める　□ take advantage of 〜：〜を利用する　□ aisle：通路　□ own-brand：自社ブランドの　□ range：品ぞろえ、範囲　□ double：2倍の　□ head over to 〜：〜へ進む

■ 解説　**「範囲」が示すものを正確に押さえる。** **If you buy anything from this range today, you will get double Eco-points**とあり、**this range** が前文の**you will find all of our own-brand Eco-special products**であると分かれば、正解は **A** であると分かる。

今日の
学習成果を、
実践形式の問題で
確認しよう!

■■ エクササイズ

ここでは短い英語の文章が2つあります。それぞれの文章につき問いが1つ
ずつあります。音声を聞いて、答えとして最も適当なものを、4つの選択肢
のうちから1つずつ選びましょう。

【解答と解説→『別冊解答集』p. 7】

問1 🎧 039 🇺🇸

What is said about the train bound for New Jersey?

- ☐ ❶ It's running on time.
- ☐ ❷ It's arriving soon.
- ☐ ❸ It's departing soon.
- ☐ ❹ It's behind schedule.

問2 🎧 040 ✚

How much must shoppers pay for two copies of each print?

- ☐ ❶ 10 cents.
- ☐ ❷ 15 cents.
- ☐ ❸ 25 cents.
- ☐ ❹ $2.99.

■■ これだけは忘れんといて!

- 分詞句が名詞を後ろから修飾している場合は、「関係代名詞+**be**動詞」を補う
  と分かりやすい。
- ~, while . . .は、~, and . . .を表すことが多い。
- **May we have your attention, please?** は「お知らせします」と丁寧に言う
  ときの慣用表現。
- **up to ~**は「(最高) ~まで」という数量の限度を表す。
- 日本語のカタカナ表記通りに発音しない。
- 50 (**fifty**) のアクセントは前にくる。

学習ポイント → 複数の情報を整理する③

全ての情報をメモする必要はない。

 Day 4では、聞き取れた情報のメモの仕方を学習しました。今日は、設問と選択肢に前もって目を通してから、「一部の情報」のみをメモする仕方を引き続き練習しましょう。

まずは練習問題で腕試し。どれだけ聞ける?どれだけ解ける?

レッツ トライ!

ここでは短い英語の文章が2つあります。それぞれの文章につき問いが1つずつあります。音声を聞いて、答えとして最も適当なものを、4つの選択肢のうちから1つずつ選びましょう。

【解答と解説→pp. 50〜51】

問1 🎧041

When will the flight for Zurich take off?

- ① 9:05 a.m.
- ② 9:15 a.m.
- ③ 9:25 a.m.
- ④ 9:50 a.m.

問2 🎧042

What are the passengers advised to do?

- ① Put on their seat belts.
- ② Listen to the weather report.
- ③ Put off the lights.
- ④ Hold their luggage.

ココが狙われまっせ!

問1、問2とも、選択肢の形式からまずはメモすべき情報を絞り込んでおこう。問2では、状況を聞き取ることからも正解を類推できる。

正解とスクリプト

問1　正解 ②　🎧 041

■スクリプト

Your attention, please. / Egypt Air Flight 103, / bound for Cairo and Kuwait, / is now boarding / at Gate 47. Would passengers bound for Cairo and Kuwait on Egypt Air Flight 103 / please proceed to Gate 47 now? This flight will be departing / at 9:05 a.m. Also, / would passengers scheduled to **depart / at 9:15 on KLM Flight 225 for Zurich** and Amsterdam / please proceed to Gate 20? KLM Flight 225 for Zurich and Amsterdam will be departing / from Gate 20 / at 9:15. Thank you.

■語注
□ be boarding：搭乗中である　□ proceed to ~：~へ進む、向かう　□ be scheduled to do：~する予定である

■訳

ご案内いたします。カイロならびにクウェート行きエジプトエアー103便は、ただ今47番ゲートにて搭乗中です。エジプトエアー103便でカイロならびにクウェートへ向かわれる乗客の皆さま、47番ゲートへお進みください。当便は午前9時5分に離陸予定です。また、9時15分発チューリッヒならびにアムステルダム行きのKLM225便でご出発予定の乗客の皆さま、20番ゲートへお進みください。チューリッヒならびにアムステルダム行きのKLM225便は、20番ゲートから9時15分に離陸予定です。以上です。

チューリッヒ行きの便はいつ離陸しますか?
❶ 午前9時5分。
❷ 午前9時15分。
❸ 午前9時25分。
❹ 午前9時50分。

問2　正解 ①　🎧 042

■スクリプト

Good evening, ladies and gentlemen. The weather service is reporting / that there may be some strong turbulence ahead, / and the captain has turned the seat belt light on. Would you all please return to your seats / as soon as possible, / and **make sure / that your seat belts are fastened**? For your own safety, / please be sure / that your luggage is safely put away, / and remain in your seat / until the captain has turned off the seat belt light again. Thank you very much.

■語注
□ turbulence：乱気流　□ fasten：~をしっかりと固定する　□ luggage：旅行かばん類　□ put ~ away：~をしまう

■訳

皆さま、こんばんは。気象サービスからの報告によりますと、進行方向に強い乱気流の発生が予想されており、機長はシートベルト着用ライトを点灯しました。できるだけ早くお席にお戻りいただき、シートベルトの着用をご確認くださいますよう皆さまにお願いいたします。皆さまの安全のため、かばん類は安全な場所に必ずおしまいいただき、機長がシートベルト着用ライトを再び消灯するまではご着席のままでいてください。よろしくお願いいたします。

乗客は何をするように求められていますか?
❶ シートベルトを着用する。
❷ 天気予報を聞く。
❸ 電気を消す。
❹ かばんを抱えておく。

キムタツの3S解説

話さなくちゃ
身に付かない。
解説を読んだら
「音読」も
忘れずに!

問1

必ずしも数字を全部メモする必要はない。 選択肢は全て時刻なので、ここでは便名やゲート番号の数字は無視してよいことになる。チューリッヒ行きの便については **depart at 9:15 on KLM Flight 225 for Zurich** とあるので、正解は❷となる。

Structure
（構造）
Would ～ please . . .?は丁寧な依頼を表す。 **would**の代わり**could**を用いることもできる。また、**please**は最後に置くことも可。この表現を用いた文では主語が長くなっていることにも注意。それぞれ**Would passengers (who are) bound for**、**would passengers (who are) scheduled to depart**のように「関係代名詞＋be動詞」を補って、修飾・被修飾の関係を理解しておきたい。

Sense
（意味）
boardは「飛行機」を主語にすると、「搭乗中である」という意味になる。 この用法の場合は、通例進行形となる。また、「人」を主語にして「～に乗る、乗り込む」という意味でも用いられる。

Sound
（発音）
地名や国名も正しく発音できるようにしておきたい。 **Zurich**は日本語では「チューリッヒ」だが、「ヅァリク」と発音する。**Paris**は「パリ」ではなく、「パリス」が正しい読み方。少しなじみのない国名だが、ウクライナ（**Ukraine**）はどう読む? 正しくは「ユークレイン」。

問2

状況を瞬時に聞き取って、「すべきこと」を予想したい。 機内放送で**there may be some strong turbulence ahead**（進行方向に強い乱気流の発生が予想されており）とくれば、類推だけでも❶が選べる。もちろん、**make sure that your seat belts are fastened**も重要な聞き取りポイント。

Structure
（構造）
「There＋be動詞」は、聞き手の知らないものを伝える場合に用いる。 ここでは、前方に乱気流（**turbulence**）があるかもしれないということを聞き手に知らせるために使われている。**may**が使われているのは、必ずしも乱気流に遭遇するとは限らないというニュアンスを加えるため。

Sense
（意味）
make sure that ～、be sure that ～ は相手に確認を促す際の表現。 それぞれ「～ということを確かめてください」といった意味で、確認すべき内容が「～」の部分に入る。

Sound
（発音）
/eːr/の発音は、「ウ」の口で「ア」と読むように発音する。 **turn**は「ターン」ではなく、「トゥーン」の方が正確な発音に近い。この際、カタカナ通りに「トゥ」とは読まず「ア」の音を混ぜ、舌を引っ込めるようにして読むこと。同様に**turbulence**は「トゥービュランス」のように発音する。

🎧 **043、044** | **音読に挑戦!** | 音声043、044を再生して、各文の後のポーズ（無音）部分で英文を音読してみよう。意味の切れ目を表すスラッシュ（/）に注意!

ドリル

ディクテーションで
「英語の耳」を
鍛えよう!

音声を再生して、問1〜問4の空所に入る語または数字を書き取ってみましょう（1回で書き取れない場合は、聞き取れるまで繰り返し音声を聞きましょう）。その後で、それぞれの下にある設問に答えましょう。

【解答と解説→pp. 54〜55】

問1 🎧 045 ✛

Attention, all Air Singapore passengers. Due to airport renovations, the Air Singapore ① (　　　　　　　) counter has temporarily moved from Zone ② (　　　　　　) to Zone ③ (　　　　　　　), at the east end of the departure level. Any passengers taking Air Singapore flights, please go to the new check-in location. Flight ④ (　　　　　　) and gate ⑤ (　　　　　　　) will not be ⑥ (　　　　　　), and Air Singapore tickets can still be purchased at the ticket office on the ⑦ (　　　　　　　) floor. Regular service will ⑧ (　　　　　　) this Friday. We are sorry for the inconvenience.

搭乗手続きカウンターはどこになりましたか?
Ⓐ 1番窓口　Ⓑ 2番窓口　Ⓒ 5番窓口　Ⓓ 7番窓口

問2 🎧 046 ▓

This is your captain speaking. In about 20 minutes, we will be ① (　　　　　　) in Los Angeles. The ground ② (　　　　　　　) is 27 ③ (　　　　　　) and it's slightly cloudy. At this time, I'd like you to return your ④ (　　　　　　) to an ⑤ (　　　　　　) position, ⑥ (　　　　　　) your seat belts and put away your ⑦ (　　　　　). In a few moments, the flight attendants will collect your ⑧ (　　　　　) and ⑨ (　　　　　　). Please put all your carry-on ⑩ (　　　　　　) under the seat in front of you or in the compartment above you. If you need any assistance, please ask a member of the crew.

次のうち乗客がするように求められているのはどれですか?
Ⓐ 手荷物を取り出す　Ⓑ 背もたれを元に戻す　Ⓒ 入国カードを乗務員に渡す
Ⓓ ヘッドホンを回収する

問3 🎧047 ✛

Good afternoon. This is an urgent ① (   ) for passengers flying to Hong Kong with Canada Air. Boarding at Gate ② (   ) will be closing very shortly. This is the ③ (   ) call for ④ (   ) on Canada Air Flight CAX 210 for Hong Kong, leaving at ⑤ (   ). Boarding is about to ⑥ (   ). That's Canada Air passengers for Hong Kong, boarding is about to close. All remaining passengers, ⑦ (   ) make your way to Gate ⑧ (   ) immediately.

誰に対するアナウンスですか?
Ⓐ 香港行きの客　Ⓑ カナダ行きの客　Ⓒ 13時の便の利用客　Ⓓ 4時の便の利用客

問4 🎧048 🌐

"Kia ora," everyone, and welcome aboard this New Zealand Air Airbus A380. ① (   ) takeoff, I'd just like to say a few words. I'm your chief flight attendant, James Murray. The ② (   ) outside is ③ (   ) for flying, so we're expecting to ④ (   ) right on ⑤ (   ). The rest of the crew and I will be serving you ⑥ (   ) in just under an ⑦ (   ). In the meantime, please make sure your seat belts are fastened, and I'll ⑧ (   ) now with the safety instructions.

1時間以内に何が起こるでしょうか?
Ⓐ 手荷物検査がある　Ⓑ 揺れることが予想される　Ⓒ 天候が変わる　Ⓓ 朝食が提供される

Advice from キムタツ
ロンドンから日本への帰り、ヒースロー空港で「そろそろ離陸やな」というところで、"We're waiting for the air traffic controllers to let us take off. Would you please wait for a moment?"というアナウンスの後に1時間半も待たされました。飛行機と狭いところは嫌いや。

ドリル解説

どれだけ
聞き取れたかを
チェック。

問1 ✛

■ 正解 ① check-in ② 7 ③ 1 ④ times ⑤ numbers ⑥ affected ⑦ second
⑧ resume

■ 正解の選択肢 Ⓐ

■ 訳 エア・シンガポールをご利用の全てのお客さまにご案内いたします。空港の改修のため、エア・シンガポールの搭乗手続きカウンターは、7番窓口から出発階東端の1番窓口へ一時的に移動いたしました。エア・シンガポールの便をご利用のお客さまは、新しい搭乗手続き位置へお向かいください。出発時刻と搭乗ゲート番号に影響はなく、エア・シンガポールの航空券は現在も2階の券売り場にてお求めいただけます。通常業務は今週金曜日に再開する予定です。ご迷惑をお掛けして申し訳ございません。

■ 語注 □ due to ～：～のために □ renovation：修理 □ check-in：（航空機の）搭乗手続き、チェックイン □ temporarily：一時的に □ departure：出発 □ level：（建物の）階 □ location：場所、位置 □ affect：～に影響を及ぼす □ purchase：～を購入する □ resume：再開する □ inconvenience：不自由、迷惑

■ 解説 **設問に関する部分に集中して「拾い聞き」する。** ここでは、**check-in counter**（搭乗手続きカウンター）に注意して聞くことになる。第2文に**the Air Singapore check-in counter has temporarily moved from Zone 7 to Zone 1** とあるので、正解は Ⓐ となる。設問の内容によっては、このような「拾い聞き」が特に重要になることがある。

問2 🇺🇸

■ 正解 ① landing ② temperature ③ degrees ④ seats ⑤ upright ⑥ fasten ⑦ trays
⑧ headphones ⑨ blankets ⑩ luggage

■ 正解の選択肢 Ⓑ

■ 訳 機長よりご案内いたします。当機は約20分後にロサンゼルスに着陸いたします。地上の気温は27度で天気は薄曇りとなっています。ただ今より、シートは真っすぐに戻し、シートベルトを着用し、トレーをおしまいいただきますようお願いいたします。間もなく、客室乗務員がヘッドホンと毛布を回収いたします。機内にお持ち込みのかばん類全ては、手前の座席の下か、上部の荷物入れにおしまいください。お手伝いが必要な方は、乗務員までお申しつけください。

■ 語注 □ slightly：わずかに、少し □ at this time：今、現在 □ upright：真っすぐな、垂直の □ flight attendant：客室乗務員 □ blanket：毛布 □ carry-on：機内持ち込みの □ compartment：小物入れ □ crew：乗務員

■ 解説 **状況から正答を類推することもできる。** 第2文で**In about 20 minutes, we will be landing in Los Angeles.** と言っているので、場面は着陸直前の機内である。ここを正確に聞き取れれば、第4文にある**return your seats to an upright position** を聞き取れなくても、Ⓑ が正解だと類推できる。

問3 ✛

■ 正解　① message　② 13　③ last　④ passengers　⑤ 14:15　⑥ close　⑦ please　⑧ 13

■ 正解の選択肢　Ⓐ

■ 訳　こんにちは。カナダ・エアで香港へ向かう乗客の皆さまへ、急ぎのメッセージです。13番ゲートからの搭乗を間もなく締め切ります。これは、14時15分発、香港行きカナダ・エアCAX210便の乗客の皆さまへの最終案内です。搭乗は間もなく締め切られます。カナダ・エアで香港へ向かうお客さま、搭乗が間もなく締め切られます。まだ残っているお客さまはどなたも、直ちに13番ゲートへお進みください。

■ 語注　□ urgent message：緊急メッセージ　□ passenger：旅客、乗客　□ board：搭乗する　□ gate：搭乗ゲート　□ shortly：間もなく　□ be about to do：まさに〜しようとしている　□ remain：まだ〜されずに残っている　□ make one's way to 〜：〜へ行く　□ immediately：直ちに

■ 解説　**重要な情報は繰り返されることも多い。** This is an urgent message for passengers flying to Hong Kong と言っていることからⒶが正解。カナダ航空の飛行機ではあるが、3度も「香港行き」とアナウンスされているので間違えないようにしたい。

問4 🌐

■ 正解　① Before　② weather　③ perfect　④ leave　⑤ schedule　⑥ breakfast　⑦ hour　⑧ continue

■ 正解の選択肢　Ⓓ

■ 訳　キア・オラ（こんにちは）、皆さま、ニュージーランド・エアのエアバスA380にご搭乗いただきありがとうございます。離陸前に簡単なご案内をさせていただきます。私は主任客室乗務員のジェームズ・マレーです。外の天気は飛行にうってつけですので、予定通りに出発する見込みです。他の乗務員と私とで、1時間もしないうちに朝食をお出しします。その間、シートベルトがしっかり締まっていることをご確認ください。では、続いて安全に関する説明をいたします。

■ 語注　□ Kia ora.：こんにちは（マオリ語を由来とする、ニュージーランドの歓迎のあいさつ）　□ welcome aboard：ようこそご搭乗（乗車・乗船）ありがとうございます　□ takeoff：離陸　□ say a few words：二、三言言う、簡単なあいさつをする　□ right：ちょうど、ぴったり　□ on schedule：予定通りに　□ the rest of 〜：〜の残り　□ serve：配膳する、（飲食物を）提供する　□ under：〜未満の　□ in the meantime：その間に　□ make sure：（〜ということを）確認する　□ fasten：〜をしっかり締める　□ continue with：〜を続ける　□ safety instructions：安全に関する説明、安全のしおり

■ 解説　**設問から予測して待ち受けよう。** The rest of the crew and I will be serving you breakfast in just under an hour. とあるのでⒹが正解。機内でのアナウンスであることが分かればⒶはあり得ない。また、The weather outside is perfect for flying, so we're expecting to leave right on schedule. とあるのでⒷとⒸも不適当。

今日の
学習成果を、
実践形式の問題で
確認しよう!

▟▟ エクササイズ

ここでは短い英語の文章が2つあります。それぞれの文章につき問いが1つ
ずつあります。音声を聞いて、答えとして最も適当なものを、4つの選択肢
のうちから1つずつ選びましょう。

【解答と解説→『別冊解答集』p. 8】

問1 🎧 049 🇺🇸

What are passengers waiting to board flights advised to do?

- ☐ ❶ Transfer to another airline.
- ☐ ❷ Stay in the terminal building.
- ☐ ❸ Request refunds at their airline's counter.
- ☐ ❹ Request flight changes from the information desk.

問2 🎧 050 ⊕

What is true of this flight?

- ☐ ❶ Its flight time is eight hours.
- ☐ ❷ It's arriving at the destination at about 8:15 a.m.
- ☐ ❸ Its destination is Washington, D.C.
- ☐ ❹ It's landing soon.

▟▟ これだけは忘れんといて!

- ● **Would 〜 please . . .?** は丁寧な依頼を表す。
- ● 「**There＋be動詞**」は、聞き手の知らないものを伝える場合に用いる。
- ● **board** は「飛行機」を主語にすると、「搭乗中である」という意味になる。
- ● **make sure that 〜**、**be sure that 〜** は相手に確認を促す際の表現。
- ● 地名や国名も正しく発音できるようにしておきたい。
- ● /eɪr/の発音は、「ウ」の口で「ア」と読むように発音する。

学習ポイント → 時系列の情報を聞き取る

「時間の流れ＋予定」と「前後」を表す表現を聞き逃すな！

Chapter 1最後の今日は、時間の流れを押さえながら、予定を聞き取る練習をしましょう。「時の前後」を表す表現にも注意。

まずは練習問題で腕試し。どれだけ聞ける？どれだけ解ける？

レッツ トライ！

ここでは短い英語の文章が2つあります。それぞれの文章につき問いが1つずつあります。音声を聞いて、答えとして最も適当なものを、4つの選択肢のうちから1つずつ選びましょう。

【解答と解説→pp. 58〜59】

問1 🎧 051 🌐

What is taking place immediately after dinner?

- ☐ ① A seminar by Donald Rain.
- ☐ ② A closing ceremony.
- ☐ ③ A seminar by Naoko Kohno.
- ☐ ④ A guest speech.

問2 🎧 052 🇺🇸

Where will the tour go before lunch?

- ☐ ① King's Square.
- ☐ ② Rockwood Park.
- ☐ ③ Saint John.
- ☐ ④ Market Square.

ココが狙われまっせ！

問1ではafter、問2ではbeforeが設問内で使われていることに注意。時間を追って聞き進めながら、ポイントとなる箇所の前後の予定を聞き取ってみよう。

正解とスクリプト

> 太字部分が
> 正解の「カギ」。
> 次ページの解説を
> 要チェック！

問1 正解 ④ 🎧 051

■スクリプト 🌏

I'd like to welcome you / to our series of seminars / on Japanese film. Our program will begin / with a reception / starting at 1 o'clock this afternoon / in the main ballroom. At 2:30 / the first two seminars will begin / – Donald Rain in the Rose Hall / and Naoko Kohno in the Tulip Hall. **After dinner** in the Main Hall, / **our guest speaker will be director Go Shiroiwa**. This seminar will run / from 7:00 p.m. to 8:30, / and closing ceremonies will begin at 8:45.

■語注

□ series of ～：一連の～　□ reception：レセプション、歓迎会　□ ballroom：（ホテルなどの）舞踏場、ボールルーム　□ director：（映画などの）監督　□ run：続く、継続する

■訳

日本映画に関する連続セミナーへようこそいらっしゃいました。本日の予定は、午後1時開始のメイン・ボールルームでの歓迎会から始まります。2時半には、最初の2つのセミナーが行われます――ローズ・ホールでのドナルド・レイン氏によるものと、チューリップ・ホールでのナオコ・コウノ氏によるものです。メイン・ホールでのディナーの後の来賓講演者は映画監督のゴウ・シロイワ氏です。このセミナーは午後7時から8時半までで、閉会式は8時45分に始まります。

ディナーのすぐ後には何が行われますか？

① ドナルド・レイン氏によるセミナー。
② 閉会式。
③ ナオコ・コウノ氏によるセミナー。
④ 来賓者による講演。

問2 正解 ① 🎧 052

■スクリプト 🇺🇸

Welcome to Saint John, everyone. Our tour will begin here / in about half an hour. Today, / **between 10 a.m. and 1 p.m.** / we will visit the historic downtown area, / **including King's Square**, city market and the Loyalist burial ground. At 1 o'clock, / there will be a one-hour break for lunch, / and we will meet up again at 2 p.m. / to catch the bus for Rockwood Park. So, / until we begin, / feel free to walk around Market Square / and do a little shopping.

■語注

□ including：～を含めて　□ loyalist：愛国者　□ burial ground：墓地、埋葬地　□ break：休憩　□ meet up：会う　□ feel free to do：自由に［遠慮なしに］～する

■訳

皆さん、セントジョンへようこそ。私たちのツアーは、約30分後にここから始まります。本日、午前10時から午後1時までの間、キングススクエア、シティーマーケット、そして愛国者墓地を含む、歴史的に有名なダウンタウン地域を訪れます。1時には昼食のために1時間の休憩があり、午後2時にバスに乗ってロックウッド公園へ向かうため再び集合します。それでは、ツアー開始までご自由にマーケットスクエアを散策したりお買い物をしたりしてください。

昼食の前にツアーはどこに行きますか？

① キングススクエア。
② ロックウッド公園。
③ セントジョン。
④ マーケットスクエア。

Day 6

キムタツの3S解説

話さなくちゃ身に付かない。解説を読んだら「音読」も忘れずに!

問1

「時間の流れ＋予定」を押さえる。 設問に**immediately after dinner**（ディナーのすぐ後に）とあるので、**dinner**という語が登場する辺りに特に注意。最後から2文目に**After dinner ... our guest speaker will be director Go Shiroiwa.**とあるので、正解は❹となる。

Structure（構造）　ダッシュ（–）は文中の語句の補足説明をする際に用いる。読む際には、ダッシュの前で一呼吸置かれる。ここでは、**two seminars**について、それぞれが誰によるセミナーなのかを説明している。第2文の**starting**以下の分詞句は、直前の**reception**を修飾している。ここでも**a reception (which is) starting at 1 o'clock**のように「関係代名詞＋be動詞」を補って理解しよう。

Sense（意味）　**at**は「時の1点」、**from**と**to**は「起点／終点」、**before**と**after**は「前／後」を表す。どれも簡単な前置詞だが、正確に理解して聞き取らないと思わぬ失点につながりかねない。第1文にある**on**は、ここでは「〜に関して」という意味で、**about**とほぼ同義だが「（専門的な内容）に関して」というニュアンスが加わる。

Sound（発音）　語尾が子音字で、続く語の語頭が母音字の場合はつなげて発音する。**series of**は「シリーズブ」、**this afternoon**は「ディサフタヌーン」のようにつなげて（連結させて）読んでみよう。強調する場合以外は、前置詞は弱く発音するので、**of**の「ブ」はごく弱く読むようにする。

問2

予定の「前後」を表す表現に注意。 設問に**before lunch**とあるので、「昼食前」の予定を聞き取ればよい。昼食は1時からで、その前の**between 10 a.m. and 1 p.m.**には**we will visit the historic downtown area, including King's Square ...**と幾つかの行き先が挙げられている。その中から、選択肢の中で唯一当てはまる❶を正解として選ぶ。

Structure（構造）　**including**は「〜を含めて」という意味の前置詞で、直前の名詞の構成要素を説明する場合に用いる。ここでは、直前の**historic downtown area**の構成要素について後ろから説明している。

Sense（意味）　未来を表す表現での「**in**＋時間」は「（今から）〜後に」を表すことが多い。第2文の**in about half an hour**は「約30分後に」を表している。「〜以内に」には**within**を用いる。また、過去の事柄について「〜後に」と言う場合は、**after**を用いるのが普通であることも併せて覚えておこう。

Sound（発音）　**burial**は「ベリアウ」と発音する。「ブリアル」と読むと思っていた人はいないだろうか? 同様に**bury**（〜を埋める）は「ベリ」と発音し、**berry**（[果実の]ベリー）と同じ発音になる。

🎧 **053、054**　**音読に挑戦!**　音声053、054を再生して、各文の後のポーズ（無音）部分で英文を音読してみよう。意味の切れ目を表すスラッシュ（/）に注意!

ドリル

ディクテーションで
「英語の耳」を
鍛えよう!

音声を再生して、問1～問4の空所に入る語または数字を書き取ってみましょう（1回で書き取れない場合は、聞き取れるまで繰り返し音声を聞きましょう）。その後で、それぞれの下にある設問に答えましょう。

【解答と解説→pp. 62～63】

問1 🎧 055 ➕

In order to give us a head start on the ① (　　　　　　　) season,
this Friday's staff meeting will begin one hour ② (　　　　　　　)
than usual, so please remember to arrive at 8 ③ (　　　　　　　)
rather than ④ (　　　　　　). We have a lot of ⑤ (　　　　　　　)
to talk about this month, so let's try to ⑥ (　　　　　　) our
opening remarks by ⑦ (　　　　　) at the latest. That way, we
will have a full ⑧ (　　　　　　) and a half to discuss this month's
business. Also remember that the workday will ⑨ (　　　　　　) at
⑩ (　　　　　　).

金曜日の仕事は何時に終わりますか?
Ⓐ 午後4時半　Ⓑ 午後6時　Ⓒ 午後8時　Ⓓ 午後9時

問2 🎧 056 🇺🇸

Jazz Festival guests can choose between ① (　　　　　　) the
James Blunt concert at 7 p.m. or The Corrs at ② (　　　　　　).
The next ③ (　　　　　), buses will take groups to beautiful
Chillon Castle at ④ (　　　　　　) a.m., returning everyone to the
hotel three ⑤ (　　　　　) later. At ⑥ (　　　　　　) o'clock,
there will be a one-of-a-kind event – a live outdoor jazz
⑦ (　　　　　　) on the shore of Lake Geneva. It's not to be
missed. ⑧ (　　　　　) evening, ⑨ (　　　　　) can
choose from three different concerts, all of which will begin at
⑩ (　　　　　) p.m.

土曜日のコンサートは何時に始まりますか?
Ⓐ 3時　Ⓑ 6時45分　Ⓒ 7時　Ⓓ 10時半

問3 🎧 057 🌐

Thank you all for joining us for today's Freshman Orientation at Stone Causeway College. I know some of you have ① (　　　　　　　　) quite a long ② (　　　　　　　) to be here, so ③ (　　　　　　　) we set off on our ④ (　　　　　　　) tour of the campus, please help yourself to some light refreshments. You'll find ⑤ (　　　　　　　) and other beverages on the tables there at the ⑥ (　　　　　　　) of the hall, and there are also some light ⑦ (　　　　　　) provided for anyone feeling a little ⑧ (　　　　　　).

キャンパスツアーの前に何がありますか？

Ⓐ 軽い運動をする　Ⓑ 軽食をとる　Ⓒ ダンスパーティーをする　Ⓓ 議論をする

問4 🎧 058 ✛

This tour of the museum ① (　　　　　　　) a little over ② (　　　　　　　) minutes. We'll ③ (　　　　　　　) in the South Wing, which houses our Early Civilization exhibits with full-size replicas of various cave paintings from up to ④ (　　　　　　　) years ago. ⑤ (　　　　　　　), in the East Wing, we'll look at the birth of agriculture as humans began to settle. The ⑥ (　　　　　) Wing brings us right up to date with human technology and the growth of cities. Then, ⑦ (　　　　　　　), in the ⑧ (　　　　　　) Wing, we have the Bright New Future exhibition.

人間の技術と都市の発展の展示はどこで行われていますか？

Ⓐ 南棟　Ⓑ 東棟　Ⓒ 北棟　Ⓓ 西棟

Advice from キムタツ

イギリスでツアーガイドをしている人の中には、現地以外の国からアルバイトで来ている人もたくさんいます。そんなときにはイタリアなまりやフランスなまりの英語が聞けます。発音が下手だからと言って黙っていては商売になりません。いっぱいしゃべります。だからどんどん上達します。

どれだけ
聞き取れたかを
チェック。

ドリル解説

問1 ✚

■ 正解　① holiday　② earlier　③ a.m.　④ 9　⑤ material
　　　　⑥ finish　⑦ 8:30　⑧ hour　⑨ end　⑩ 4:30

■ 正解の選択肢 Ⓐ

■ 訳　休暇シーズンに先乗りするために、今週金曜日のスタッフ会議はいつもより1時間早く始まりますので、9時ではなく午前8時に忘れずに来てください。今月は話し合うべきことがたくさんありますので、皆さんの最初のあいさつは遅くとも8時半までに終わらせるようにしましょう。そうすれば、今月の用件について話し合うのにたっぷり1時間半あります。また、その日の仕事は4時半に終わるのも忘れずに。

■ 語注　☐ in order to do：～するために　☐ head start：有利なスタート、さい先の良い開始　☐ remember to do：忘れずに～する　☐ ～ rather than . . .：……でなくて～　☐ material：題材　☐ remark：言及、意見　☐ at the latest：遅くとも　☐ that way：そうすれば　☐ workday：（1日のうちの）就労時

■ 解説　**時間の流れを追いながら聞き進める。** 金曜日の始業・終業時刻に関する説明である。休暇シーズン（**holiday season**）の直前なので、その日は会議を9時でなく8時からといつもより1時間早く始める（**begin one hour earlier than usual**）と言っている。その代わり、仕事は4時半に終わる（**end at 4:30**）と述べているので、正解は Ⓐ となる。

問2 🇺🇸

■ 正解　① attending　② 6:45　③ morning　④ 10:30　⑤ hours　⑥ 3　⑦ concert　⑧ Saturday
　　　　⑨ guests　⑩ 7

■ 正解の選択肢 Ⓒ

■ 訳　ジャズフェスティバルの観客の皆さんは、午後7時のジェームズ・ブラントのコンサートもしくは6時45分のコアーズのどちらを見るかお選びいただけます。翌朝、午前10時半にバスで団体客を美しいシヨン城へお連れし、3時間後にホテルに戻ってきます。3時にはユニークなイベント――ジュネーブ湖の湖岸での屋外ライブ・ジャズコンサートがあります。お見逃しなく。土曜日の晩には、観客の皆さんは3つの異なるコンサートからお選びいただけます。こちらは全て午後7時に始まります。

■ 語注　☐ one-of-a-kind：（その種のものでは）唯一の、ユニークな　☐ shore：海岸、湖岸　☐ miss：～を見逃す

■ 解説　**「土曜日のコンサート」なのだから、「拾い聞き」するポイントはSaturday が登場する前後。** 最後の文に**Saturday evening, guests can choose from three different concerts, all of which will begin at 7 p.m.**とあるので、正解は Ⓒ となる。

問3 🌐

■ **正解**　① traveled　② way　③ before　④ two-hour　⑤ coffee　⑥ back　⑦ snacks　⑧ hungry

■ **正解の選択肢**　**B**

■ **訳**　皆さん、本日はストーン・コーズウェイ大学の新入生オリエンテーションにご参加ありがとうございます。一部の皆さんはかなり遠くからここまで来ていると聞いていますので、2時間のキャンパスツアーに出発する前に、自由に軽食を召し上がってください。コーヒーなどの飲み物はあちらのホール後方のテーブルにありますし、小腹がすいた人が誰でも食べられるよう軽いスナックも用意されています。

■ **語注**　□ freshman：新入生、1年生　□ set off on：〜に出発する　□ help oneself：（食べ物を）自分で自由にとって食べる（飲む）　□ refreshments：軽食　□ beverage：飲み物　□ snack：おやつ、おつまみ　□ provide 〜 for …：…に〜を用意する

■ **解説**　時間の流れを表す語に注意。before we set off 〜 の文の後で、please help yourself to some light refreshmentsとあるので **B** が正解。後半部分では light refreshmentsの内容が説明されているので、そこからも推測することができる。

問4 ➕

■ **正解**　① lasts　② 90　③ start　④ 64,000　⑤ Then　⑥ North　⑦ finally　⑧ West

■ **正解の選択肢**　**C**

■ **訳**　この博物館ツアーは90分少々かかります。スタートは南棟で、そこには6万4000年も前のさまざまな壁画の実物大レプリカなど初期文明の展示品が収められています。次の東棟では、人間が定住を始めたころの農業の誕生を見学します。北棟は、人間の技術と都市の発展で私たちをまさに現代へと連れ戻します。そして最後の西棟では、「輝かしい新未来」展を開催しています。

■ **語注**　□ last：続く　□ wing：(建物の) 翼、棟、ウイング　□ house：〜を所蔵する　□ early civilization：初期文明　□ exhibit：展示品　□ full-size：実物大の　□ replica：複製品、レプリカ　□ cave：洞窟　□ birth：誕生　□ agriculture：農耕　□ settle：定住する　□ up to date：最新である　□ exhibition：展示

■ **解説**　順番を示す語と訪れる場所に注意。The North Wing brings us right up to date with human technology and the growth of cities.とあるので **C** が正解。それぞれの場所で行われている展示をメモしながら聞けば間違えることはないだろう。

▟▟ エクササイズ

今日の
学習成果を、
実践形式の問題で
確認しよう！

ここでは短い英語の文章が2つあります。それぞれの文章につき問いが1つ
ずつあります。音声を聞いて、答えとして最も適当なものを、4つの選択肢
のうちから1つずつ選びましょう。

【解答と解説→『別冊解答集』 p. 9】

問1 🎧059 🌐

When will the reception end?

- ☐ ❶ At noon.
- ☐ ❷ At 6 p.m.
- ☐ ❸ At 8:30 p.m.
- ☐ ❹ At 9 p.m.

問2 🎧060 ✛

How long is this tour?

- ☐ ❶ Two hours.
- ☐ ❷ Four and a half hours.
- ☐ ❸ Six and a half hours.
- ☐ ❹ Seven hours.

▟▟ これだけは忘れんといて！

- ● ダッシュ（−）は文中の語句の補足説明をする際に用いる。
- ● **including**は「〜を含めて」という意味の前置詞で、直前の名詞の構成要素を
  説明する場合に用いる。
- ● **at**は「時の1点」、**from**と**to**は「起点／終点」、**before**と**after**は「前／後」
  を表す。
- ● 未来を表す表現での「**in**＋時間」は「（今から）〜後に」を表すことが多い。
- ● 語尾が子音字で、続く語の語頭が母音字の場合はつなげて発音する。
- ● **burial**は「ベリアウ」と発音する。

Welcome to Kimutatsu's Cafe 1

コラム「Kimutatsu's Cafe」では、
キムタツ先生のお知り合いの先生をお迎えして、
「英語体験談」を語っていただきます。

徹底したディクテーションで、間違いを分析し表現を覚えて音読することで確実にリスニング力をアップ

丸山 晃先生（MARUYAMA, Akira）ラ・サール中学校・高等学校英語科教諭

こんにちは。丸山晃と申します。もう10年以上前、木村達哉先生が主催されている「英語教師塾」に、わらにもすがる思いで参加させていただいて以来、木村先生からは、自分自身が学び続けるきっかけを日々与えていただいています。

私は京都大学の出身です。当時センター試験（現在の共通テスト）にリスニングはなく、京都大学の入学試験にもリスニングはありませんでした。その意味では、リスニングは「必要なかった」といえます。読み書きに明け暮れる受験勉強でした。

とはいえ、英語を使うことに対する憧れ、言い換えると海外を旅することへの憧れは、人並み以上に有していたのかもしれません。私が自らのリスニング能力の低さを痛感したのは19歳の春。初めての海外一人旅をした、南東アラスカにあるシトカという小さな町の空港でした。

「あなたの荷物はアンカレジまで行ってしまった。戻ってきたら宿まで運ぶから、申し訳ないけれど待っていてほしい」

そう告げる女性の言葉が全く分からないのです。この時は、現地の缶詰工場社長の奥さまが日本人で、電話を介して通訳に入ってくださり、事無きを得ました。そこから3週間かけてめぐったアラスカの旅が、

「何としてもリスニング力をつけたい」という私のやる気に火を付けたのです。帰国後、「リスニング力アップ計画」と名付けて取り組んだ勉強法は、今振り返っても、理にかなったものであったと思います。

ダイアログが読まれるCDが3枚付いた参考書を買ってきて、3カ月かけて全てディクテーションをしました。間違いを分析し、知らない表現は覚えます。スクリプトについて文法理解ができたら、CDを活用して何度も読み、英文を頭に取り込む。これを続けた効果は確実に実感できました。

現在、大学入試においてリスニングが必須なのは素晴らしいことです。リスニング力を高めることの波及効果は極めて高いからです。英文が読まれる速さで文章を理解できるようになれば、速く正確に読めるようになります。ディクテーションを通して覚えた表現は、ライティングにおける表現の幅を広げてくれます。

さまざまなことが相互に関連し合っています。高校生の皆さん、「面白そう」と思えるものには片っ端から手を出し、**旺盛な好奇心で視野を広げて**ください。ディクテーションした英文が聞き流した英文よりはるかに脳内に残るように、主体的に関わったものを、脳はなかなか忘れないのです。

Chapter
2

Q&A 選択問題対策

Chapter 2 では、Day 7 〜 Day 10
の 4 日間にわたって、少し長めの英
文に対する Q&A 選択問題への対応力
をつけていきます。平均語数は 200
語程度と Chapter 1 で扱った英文の
3 倍ほどになりますので、集中力を切
らさずに全体を聞き取る力が試されま
す。でも大丈夫。その「構成」を知れ
ば、「流れ」に乗って聞き進めること
ができます。

・平均語数＝ 200 語程度

詳しくは、次のページの
「傾向と攻略法」をチェック！

Q&A 選択問題の
傾向と攻略法

まずは、出題形式と傾向、そして攻略法を確認しておきましょう。

▰ 出題形式

●モノローグを聞き、モノローグに関する設問に合った答えを①～④の4つの選択肢から1つ選ぶ。

▰ 出題傾向

●平均語数は200語程度で、読み上げの時間は90秒ほど。
●モノローグの内容は講義文が中心で、社会、文化、スポーツ、政治、経済などがテーマになると予想される。

▰ 攻略法

●「序論 (論点の提示)」→「本論 (その詳細の説明)」→「結論 (論点のまとめ)」という文章の流れを理解する。
●あらかじめ設問と選択肢に目を通し、講義の内容を予想する。設問には、講義の論点に関係するキーワードが含まれていることが多い。
●設問の文頭にある疑問詞 (5W1H) に注意して、聞き取りのポイントを絞り込んでおく。When なら「時」、Where なら「場所」、How many なら「数」といったように、講義内で特に集中して聞く箇所を予想しておく。
●「序論」→「本論」→「結論」という流れを身に付けるため、200語程度のエッセーサンプルや英字紙の社説 (Editorial) などを読む練習を取り入れる。講義文といっても一般的な内容のものが出題されると予想されるので、日ごろから時事問題に関心を持っておきたい。

date of study / 学習日 | month / 月 | day / 日

学習ポイント → 論理展開を理解する①

講義文の構成は「序論→本論→結論」が一般的。

今日から最終日のDay 10までは、最大200語の講義文の聞き取りに挑戦。苦手な人が多い講義文ですが、その「構成」を知れば「聞くべきポイント」が見えてくるはず。

まずは練習問題で腕試し。どれだけ聞ける？どれだけ解ける？

レッツ トライ！ 🎧 061 ✛

音声を再生して、短い講義を1つ聞き、問1と問2の2つの問いに答えましょう。それぞれの問いについて、答えとして最も適当なものを、4つの選択肢のうちから1つずつ選びましょう。

【解答と解説→pp. 70〜71】

問1

What does the speaker say about the number of countries that are banning smoking in public places?

- ☐ ① It's increasing.
- ☐ ② It's decreasing.
- ☐ ③ It hasn't changed in recent years.
- ☐ ④ 1 in 3 countries is banning smoking.

問2

According to the lecture, which statement is true?

- ☐ ① Smoking itself should be banned.
- ☐ ② More and more people feel smoking in public should be banned.
- ☐ ③ Governments should increase taxes on cigarettes.
- ☐ ④ The bans on smoking are taking away people's right to choose.

ココが狙われまっせ！

トピックの提示と事実の紹介→トピックに関する反対・賛成意見の比較→論点のまとめ、という流れを押さえながら聞いてみよう。1回で正解が導けない場合は、繰り返し音声を聞いて挑戦しよう。

正解とスクリプト 🎧 061

次ページの解説を
要チェック!

問1 正解 ①   問2 正解 ②

■スクリプト

It is estimated / that 1 in 3 adults smokes cigarettes. However, / although the number of smokers around the world is increasing, / the number of countries / that are banning smoking in public places / is also increasing. The main reason for these bans is / to protect public health. Nevertheless, / there are both supporters and opponents / on this issue.

Opponents believe / the bans are taking away people's right to choose / – they think smoking is a personal matter / that should not be decided / by governments. In contrast, / supporters of the bans say / that smoking not only kills smokers / but also kills nonsmokers / who breathe in the smoke. Therefore, / supporters say / smokers should not have a right / to smoke in public.

So, / should people be allowed to smoke in public or not? The increasing number of bans suggests / that supporters of the bans are winning this particular argument.

■語注

☐ estimate：〜を見積もる ☐ although：〜だが ☐ the number of 〜：〜の数 ☐ ban：〜を（法律などにより）禁止する、（法による）禁止 ☐ nevertheless：それにもかかわらず ☐ opponent：反対者 ☐ issue：問題、論争点 ☐ in contrast：対照的に ☐ breathe in 〜：〜を吸い込む ☐ therefore：その結果、従って ☐ in public：人前で ☐ allow 〜 to do：〜に……することを許可する ☐ suggest：〜とそれとなく示す、暗示する ☐ particular：（指示形容詞の後で）今問題になっている、その特定の ☐ argument：議論、論争

■訳

3人に1人の大人がたばこを吸うと見積もられています。しかし、世界中で喫煙者の数は増えていますが、公共の場所での喫煙を禁止している国の数も増えています。これらの禁止令の主な理由は人々の健康を守ることです。にもかかわらず、この問題には賛成者と反対者の両方がいます。

反対者たちは、禁止令は人々の選択の権利を奪っていると思っています——喫煙は政府によって決定されるべきでない個人的な事柄だと彼らは考えているのです。対照的に、禁止令の賛成者たちは、喫煙は喫煙者を殺すだけでなく、煙を吸い込む非喫煙者たちも殺すと主張します。従って、賛成者たちは、喫煙者には人前でたばこを吸う権利を与えるべきではないと主張するのです。

それでは、人々は人前でたばこを吸うことを許されるべきか否か? 禁止例の数が増えていることが暗示するのは、禁止令の賛成者たちがこの論争に勝ちつつあるということです。

問1 公共の場所での喫煙を禁止している国の数について、話し手は何と言っていますか?
① 増加している。
② 減少している。
③ ここ数年、変化していない。
④ 3つの国のうち1つは喫煙を禁止している。

問2 講義によると、正しいのはどれですか?
① 喫煙自体が禁止されるべきだ。
② ますます多くの人々が人前での喫煙は禁止されるべきだと思っている。
③ 政府はたばこへの税金を引き上げるべきだ。
④ 喫煙の禁止は人々の選択の権利を奪っている。

話さなくちゃ
身に付かない。
解説を読んだら
「音読」も
忘れずに!

キムタツの 3S 解説

トピックに関する「事実」と「話者の論点」を押さえる。
この講義文のトピックは **smoking in public places**（公共の場所での喫煙）で、これに関する事実として第1段落（序論）に **the number of countries that are banning smoking in public places is also increasing** とあるので、問1は **①** が正解。また、それに関する話者の論点は、第3段落に **supporters of the bans are winning this particular argument** とあるので、問2の正解は **②** となることが分かる。話者の意見ではないもの、話者が断定していない内容についての選択肢は正解にならない。この講義では、序論でトピックを提示した上で、第2段落の本論で反対者と賛成者の意見を比較し、結論でどちらの意見が優勢であるかをまとめている。

Structure（構造）

名詞節を導く that は「〜ということ」を表す。 第1段落の第1文、第2段落の第2文、第3段落の第2文で使われている that がその用法で、それぞれ「推定されていること」「主張していること」「暗示していること」を表している。この用法の that は省略されることも多い。第2段落の第1文の believe と think の後がその例。なお、第1段落の第2文後半にある that は、countries を先行詞とする関係代名詞である。

Sense（意味）

the number of 〜は「〜の数」を表す。 a number [numbers] of 〜 は「多数の〜」を表すので使い分けに注意しよう。issue はここでは「問題、論争点」という意味の名詞として使われているが、「（宣言など）を出す、〜を発行する」という動詞の用法もあるので併せて覚えておきたい。講義文では、論理的に文章を展開するために、ここで使われているような however、nevertheless、in contrast、therefore といった表現が多用される。語注を参照して文中での働きを確認しておこう。

Sound（発音）

estimate は最初にアクセントを置く。 後ろにアクセントを置かないように注意。estimate には「見積もり（額）、概算」という意味の名詞用法があるが、この場合の発音は動詞の場合の「エステメイトゥ」とは違い、「エステメットゥ」となることも押さえておきたい。however、nevertheless、in contrast、therefore などの表現は、文中での役割をはっきりと示すためにその後に少し間を置いて読まれている。音読の際にまねしてみよう。

🎧 **062** | **音読に挑戦!** 音声062を再生して、各文の後のポーズ（無音）部分で英文を音読してみよう。意味の切れ目を表すスラッシュ（/）に注意!

⬛⬛ ドリル

音声063～065には、序論、本論、結論の各段落の順番を変えた講義文が収録されています。
音声を聞いて、空所に入る語を書き取りましょう。次に右ページの各問に答え、最後に講義文
の論理展開に合うように問1～問3を並べ替えましょう。音声066は正解の通し音声です。

【解答と解説→pp. 74～75】

問1 🎧063 🇺🇸

Perhaps most people think of physical disability when they hear the
word "① (　　　　　　　　)," but disabilities can be physical or
② (　　　　　　　　). Physical disabilities may affect our movement or
our ③ (　　　　　　). For example, we may have to use a
④ (　　　　　　) or we may have difficulties ⑤ (　　　　　　　) ➡
or ⑥ (　　　　　　). Mental disabilities may be even more difficult
to ⑦ (　　　　　　) at first. The reason for this is that we may not
realize that people have ⑧ (　　　　　　　) or learning problems just
by looking at them.

問2 🎧064 🇺🇸

Most of us ① (　　　　　　　) that it is wrong to ② (　　　　　　　)
against disabled people. ③ (　　　　　　　　), it is important to
④ (　　　　　　　) the term "⑤ (　　　　　　　)" so that we can ➡
make sure that we do not ⑥ (　　　　　　) disabled people less
favorably than others.

問3 🎧065 🇺🇸

It's ① (　　　　　　　), then, that the word "② (　　　　　　　)"
covers a lot of people in ③ (　　　　　　　). If we really do agree
that disabled people have equal ④ (　　　　　　) with the rest of ➡
society, all types of ⑤ (　　　　　) must be ⑥ (　　　　　　).

並べ替え

問 (　　　) →問 (　　　) →問 (　　　)

ディクテーションで
「英語の耳」を
鍛えよう！

身体障害の例として挙げられていないのはどれですか？

→ Ⓐ 耳が聞こえない
Ⓑ 目が見えない
Ⓒ 色が識別できない

どういう言葉について定義をしておくことが大切だと言われていますか？

→ Ⓐ 「障害のある」
Ⓑ 「差別的な」
Ⓒ 「不利な」

どうすることが大切だと言われていますか？

→ Ⓐ 身体障害者に対する差別をなくす
Ⓑ さまざまな障害について考える
Ⓒ 権利と義務について考える

/// **Advice from** キムタツ

たばこを吸う若者が減っているそうです。僕も禁煙しました。昔はたばこと酒とバイクがツッパリの「三種の神器」だったのですが、今ではたばこはカッコ悪さの象徴となりました。夢をかなえるためにいろんな努力はするけど、何よりも健康がベースになりますよね。入試突破もそうです。

問1

■ 正解　① disabled　② mental　③ senses　④ wheelchair　⑤ hearing　⑥ seeing　⑦ recognize　⑧ depression

■ 正解の選択肢　**C**

■ 解説　**for example は例を挙げる際の表現。**第3文に身体障害の例として**we may have difficulties hearing or seeing**とある。この直前に車いす（**wheelchair**）の例も挙げられているが、**C**についてはどこにも触れられていない。

問2

■ 正解　① agree　② discriminate　③ Therefore　④ define　⑤ disabled　⑥ treat

■ 正解の選択肢　**A**

■ 解説　**it is important to ～（～することは大切だ）を聞き逃さない。**この表現は論点と密接な関係を持つことが多い。ここでは、**it is important to define the term "disabled"**と言っているので、正解は**A**となる。

問3

■ 正解　① clear　② disabled　③ society　④ rights　⑤ disabilities　⑥ considered

■ 正解の選択肢　**B**

■ 解説　**must が使われている文には話者の論点がまとめられていることが多い。**最後の文の後半に**all types of disabilities must be considered**とあるので、話者が「大切だ」と考えているのは**B**だと分かる。

■ 並べ替えの正解　順に、問2→問1→問3

■ 解説　**繰り返し使われている語＝キーワードから、論理展開を読み取る。**ここでのキーワードは**"disabled"**。この語について、問2では「『障害のある』という語を定義することが大切」、問1では「障害には身体障害と精神障害の2つがある」、問3ではthen（従って）という話に導かれ、障害者が健常者と同等の権利を持つために「全ての障害について考えることが重要」と述べている。従って、問2（序論）→問1（本論）→問3（結論）という順になる。

どれだけ
聞き取れたかを
チェック。

■並べ替えの正解スクリプト 🎧 066

Most of us agree that it is wrong to discriminate against disabled people. Therefore, it is important to define the term "disabled" so that we can make sure that we do not treat disabled people less favorably than others. (問2)

Perhaps most people think of physical disability when they hear the word "disabled," but disabilities can be physical or mental. Physical disabilities may affect our movement or our senses. For example, we may have to use a wheelchair or we may have difficulties hearing or seeing. Mental disabilities may be even more difficult to recognize at first. The reason for this is that we may not realize that people have depression or learning problems just by looking at them. (問1)

It's clear, then, that the word "disabled" covers a lot of people in society. If we really do agree that disabled people have equal rights with the rest of society, all types of disabilities must be considered. (問3)

■訳

　私たちのほとんどは、障害のある人々を差別するのは間違っていると認めています。従って、障害のある人々をほかの人たちよりも不利に扱わないようにすることができるためにも、「障害のある」という語を定義しておくことが大切です。

　恐らく、ほとんどの人は「障害のある」という語を聞いたときに、身体障害のことを考えるでしょうが、障害は身体的なものと精神的なものがあり得ます。身体障害は私たちの動作あるいは感覚に影響を与えます。例えば、車いすを使わなくてはならないとか、聴覚や視覚に障害があるということです。精神障害は、初めのうちは見分けるのがずっと難しいものです。この理由は、こうした人々を見ているだけでは、抑うつ状態にあるとか、学習上の問題があるとかが分からないからです。

　従って、「障害のある」という語は、社会の多くの人々に当てはまることは明らかです。障害のある人々は社会のほかの人々と同等の権利を持っていると私たちが本当に認めるならば、全ての種類の障害が考慮されなければならないのです。

■語注
□ discriminate against ～：～を差別する □ disabled：(身体・精神) 障害のある □ define：～を定義する □ term：語、語句 □ so that ～：～するために □ make sure ～：～を確かめる □ favorably：好意的に、優位に □ disability：(病気・事故などによる) 無 (能) 力、身体障害 □ affect：～に影響を及ぼす □ wheelchair：車いす □ recognize：～を見分ける、知る □ realize：～だとよく分かる □ depression：抑うつ状態、うつ病 □ cover：～を含む □ the rest of ～：～の残り

エクササイズ 🎧 067 ➕

今日の
学習成果を、
実践形式の問題で
確認しよう!

音声を再生して、短い講義を1つ聞き、問1と問2の2つの問いに答えましょう。それぞれの問いについて、答えとして最も適当なものを、4つの選択肢のうちから1つずつ選びましょう。

【解答と解説→『別冊解答集』 p. 12】

問1

What does the speaker say about the Japanese population?

- ☐ ❶ It will start to decrease in the near future.
- ☐ ❷ It will increase for the next few years.
- ☐ ❸ It is steadily aging.
- ☐ ❹ It will be unchanged for a long time.

問2

What does the speaker suggest in order to solve the problem?

- ☐ ❶ Increasing workers' wages.
- ☐ ❷ Giving more holidays to workers.
- ☐ ❸ Encouraging the young to have more children.
- ☐ ❹ Decreasing pension payments.

これだけは忘れんといて!

- ● 名詞節を導く **that** は「～ということ」を表す。
- ● **the number of** ～は「～の数」を表す。
- ● **estimate** は最初にアクセントを置く。

学習ポイント → 論理展開を理解する②

話し手の「意見・要望」は、結論部で述べられる。

 Day 7の学習では、「序論→本論→結論」という講義文の流れを押さえました。今日は、話し手の「意見・要望」がまとめられる結論の役割について学習しましょう。

まずは
練習問題で腕試し。
どれだけ聞ける?
どれだけ解ける?

レッツ トライ! 🎧068

音声を再生して、短い講義を1つ聞き、問1と問2の2つの問いに答えましょう。それぞれの問いについて、答えとして最も適当なものを、4つの選択肢のうちから1つずつ選びましょう。

【解答と解説→pp. 78〜79】

問1

According to the lecture, which statement is true?

- ① We should prepare for natural disasters.
- ② It is hard to find solutions to the problems of poverty.
- ③ The problems of poverty are created by humans.
- ④ The problems of poverty are not essentially economic ones.

問2

What does the speaker want people to do?

- ① To stop wasting money.
- ② To solve environmental problems.
- ③ To give medical aid to poor countries.
- ④ To donate money to help poor people.

ココが狙われまっせ!

問1では、まずはトピックとなる語を押さえてから選択肢を絞り込んでみよう。問2は、話し手の「聞き手に対する要望」なので、結論部に答えが隠されているはず。

//// 正解とスクリプト 🎧 068

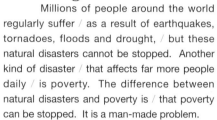

次ページの解説を
要チェック！

問1　正解 ③　　問2　正解 ④

■スクリプト 🌐

　　　Millions of people around the world regularly suffer / as a result of earthquakes, tornadoes, floods and drought, / but these natural disasters cannot be stopped. Another kind of disaster / that affects far more people daily / is poverty. The difference between natural disasters and poverty is / that poverty can be stopped. It is a man-made problem.

　　　Poverty means being too poor to eat properly, / or being too poor to live in decent housing. It also usually means / not having access to education, health care or clean water. Since a small minority of the world's population is rich, / it's obvious / that if the world's money was shared more equally, / poverty could soon be removed.

　　　I have often heard people say / that if they were rich, / they would give money to charity / to help the poor. Well, / these people have to realize / that they are already rich / – the money / they spend on a single fast-food burger / is more than many of the poor have / to spend on food / in a week.

■語注

□ regularly：いつも　□ as a result of ～：～の結果として　□ flood：洪水　□ drought：干ばつ　□ far：ずっと、はるかに　□ poverty：貧困　□ man-made：人造の　□ decent：まともな、適正な　□ have access to ～：～を入手［利用］できる　□ health care：保健医療　□ obvious：明らかな

■訳

　世界中の多くの人々が、地震、竜巻、洪水、そして干ばつの結果、常に苦しんでいますが、こういった自然災害は止めることはできません。はるかに多くの人々に日々影響を及ぼしている、もう1つの種類の災難は貧困です。自然災害と貧困の違いは、貧困は止めることができるということです。なぜならそれは、人が作った問題だからです。

　貧困は、適度に食事ができないほど貧しかったり、まともな住居に住めなかったりするほど貧しいことを意味します。また、教育や医療を受けることができなかったり、清潔な水を利用できなかったりすることも普通は意味します。世界人口のごく少数が裕福なので、もし世界のお金がより均等に分配されれば、貧困がじきになくなることは明らかです。

　私はよく、裕福だったら、貧しい人々を助けるためにお金を慈善団体に寄付するだろうと人々が言うのを耳にしてきました。ですが、こういった人々は自分たちがすでに裕福であることに気付くべきです——彼らがファストフードの1つのハンバーガーに使うお金は、貧しい人たちの多くが1週間に食事で使うお金よりも多いのです。

問1　講義によると、正しいのはどれですか？
① 私たちは自然災害に備えておくべきだ。
② 貧困問題の解決策を見つけ出すのは難しい。
③ 貧困問題は人間によって生み出されている。
④ 貧困問題は本質的には経済の問題ではない。

問2　話し手は人々に何をしてほしいと思っていますか？
① お金の無駄遣いをやめる。
② 環境問題を解決する。
③ 貧しい国々に医療援助を行う。
④ 貧しい人々を助けるためにお金を寄付する。

話さなくちゃ
身に付かない。
解説を読んだら
「音読」も
忘れずに！

キムタツの3S解説

「話し手の要望」は結論部で述べられるのが一般的。理由もなく要望を述べるのでは説得力に欠けるので、本論で理由を説明してから、結論部に要望を配置する構成になる。この講義文のトピックはpoverty（貧困）で、これについて序論部の第1段落の最後でIt [Poverty] is a man-made problem.とあるので、問1の正解は❸となる。また、その定義を本論部の第2段落で説明した上で、結論部の第3段落で話し手は、貧しい人々を助けるためにお金を慈善団体に寄付する（give money to charity to help the poor）ことの必要性を訴えている。従って、問2は❹を正解として選ぶ。

Structure（構造）

仮定法過去は「もし〜なら、……だろうに」と現在の事実と反する事柄を表す。第2段落の最後の文と、第3段落の最初の文で、if the world's money was shared more equally、if they were richのように過去形が用いられているのがその例で、「現在はそうでないが、そうだとすれば」を表している。このif節に続く主節が、それぞれpoverty could soon be removed、they would giveのように「主語＋could [would]＋動詞の原形」の形になっていることにも注意しよう。

Sense（意味）

farには比較級、最上級を強調して「ずっと、はるかに」という意味がある。第1段落の第2文のfar more peopleがその例。このような強調の仕方は、聞き手に強く印象を与えることができる。第2段落の第1文にあるtoo ... to do（〜するには……過ぎる、……過ぎて〜できない）も一種の強調と言えるだろう。

Sound（発音）

「エイ」や「オウ」の発音を正確にする。tornadoはカタカナだと「トルネード」だが、正確な発音は「トーネイドゥ」となる。「ネイ」「ドウ」をはっきり読むこと。flood（フラッドゥ）、decent（ディーセントゥ）、heard（ハードゥ）などの発音にも注意して音読に取り組もう。

🎧 069 音読に挑戦! 音声069を再生して、各文の後のポーズ（無音）部分で英文を音読してみよう。意味の切れ目を表すスラッシュ（/）に注意！

079

ドリル

音声070～072には、序論、本論、結論の各段落の順番を変えた講義文が収録されています。音声を聞いて、空所に入る語を書き取りましょう。次に右ページの各問に答え、最後に講義文の論理展開に合うように問1～問3を並べ替えましょう。音声073は正解の通し音声です。

【解答と解説→pp. 82～83】

問1 🎧070 🌐

Maybe it's too ① (　　　　　　　　) to think that we can
② (　　　　　　　　) a huge ③ (　　　　　　　　) problem like
④ (　　　　　　　　) loss by putting up a few bird ⑤ (　　　　　　　　),
but if we all do a little, I'm sure we can make a ⑥ (　　　　　　　　).

問2 🎧071 🌐

One of the main dangers to ① (　　　　　　　　) is the disappearance
of their ② (　　　　　　　　). For instance, making new
③ (　　　　　　　　) or building new ④ (　　　　　　　　) can take
away valuable land from native ⑤ (　　　　　　　　). My action to
help animals was very simple – I decided to ⑥ (　　　　　　　　) some
habitat! I planted a tree and put a bird ⑦ (　　　　　　　　) in it. Now
that winter has arrived, I am seeing more ⑧ (　　　　　　　　) to the
feeder than ever.

問3 🎧072 🌐

I am an ① (　　　　　　　　) lover. I really enjoy watching
② (　　　　　　　　) documentaries about fascinating animals in
faraway ③ (　　　　　　　　). I also like finding out about animals that
④ (　　　　　　　　) in my own country. So, I always find it
⑤ (　　　　　　　　) to discover that some new ⑥ (　　　　　　　　)
or ⑦ (　　　　　　　　) is in danger of ⑧ (　　　　　　　　). That's
why I decided to do something about it.

並べ替え

問 (　　　) →問 (　　　) →問 (　　　)

ディクテーションで
「英語の耳」を
鍛えよう!

何が地球的な問題だと言われていますか？
Ⓐ 温暖化
Ⓑ 動物の生息環境の消失
Ⓒ 経済格差の広がり

問題を引き起こしている例として挙げられているのはどれですか？
Ⓐ 自然環境の破壊
Ⓑ エネルギー消費の増加
Ⓒ 世界人口の増加

話者は何が残念なことだと言っていますか？
Ⓐ 貧困が原因で多くの子どもが死亡していること
Ⓑ 絶滅の危機に瀕している動物たちがいること
Ⓒ ドキュメンタリー番組が少なくなってきていること

Advice from キムタツ

講義のリスニングは大変なように思えるかもしれませんが、勝負になるのは最初の段落です。ここで必ず全体のトピックが話されます。ほとんど例外はありません。長くても途中で集中力を切らさないこと。このくらいの長さでへこたれていたら、留学なんかできません。

問1

■ 正解　① ambitious　② solve　③ global　④ habitat　⑤ feeders　⑥ difference

■ 正解の選択肢　Ⓑ

■ 解説　**前置詞のlike（[例えば] 〜のような）も例示に使われる。** 地球的な問題（**global problem**）の例として、**global problem like habitat loss**とあるので、正解は Ⓑ となる。**for example [instance]**のほかにも、この**like**や**such as**なども例を挙げる際によく用いられるのでしっかりとマスターしておこう。

問2

■ 正解　① animals　② habitat　③ roads　④ houses　⑤ species　⑥ add　⑦ feeder　⑧ visitors

■ 正解の選択肢　Ⓐ

■ 解説　**文中で言われていることの言い換えに注意する。** 第2文で**making new roads or building new houses can take away valuable land from native species**とある。「新しい道路を作ったり、新しい家を建てたりすること」が問題を引き起こしているのだから、これを言い換えている Ⓐ が正解となる。

問3

■ 正解　① animal　② wildlife　③ countries　④ live　⑤ depressing　⑥ bird　⑦ mammal
　　　　⑧ extinction

■ 正解の選択肢　Ⓑ

■ 解説　**find it 〜 to doは「……するのは〜だと思う、分かる」という表現。** ここでは「〜」に**depressing**（元気を失わせる）がきて「……するのは残念だと思う」という意味で使われている。残念だと思うことについては、**to discover that some new bird or mammal is in danger of extinction**とある。従って、正解は Ⓑ。

■ 並べ替えの正解　　順に、問3→問2→問1

■ 解説　**トピックの詳細については本論で述べられるのが一般的。** この講義文のトピックは「絶滅（**extinction**）の危機に瀕している動物」であり、絶滅の原因（つまり詳細）について問2で述べていることから、この部分が本論になることが分かる。また、トピックについて自分が動物好きであることを引き合いにしながら紹介している問3が序論になる。従って、問3（序論）→問2（本論）→問1（結論）という順になる。

Day 8

どれだけ
聞き取れたかを
チェック。

■並べ替えの正解スクリプト 🎧 073 🌐

I am an animal lover. I really enjoy watching wildlife documentaries about fascinating animals in faraway countries. I also like finding out about animals that live in my own country. So, I always find it depressing to discover that some new bird or mammal is in danger of extinction. That's why I decided to do something about it.（問3）

One of the main dangers to animals is the disappearance of their habitat. For instance, making new roads or building new houses can take away valuable land from native species. My action to help animals was very simple — I decided to add some habitat! I planted a tree and put a bird feeder in it. Now that winter has arrived, I am seeing more visitors to the feeder than ever.（問2）

Maybe it's too ambitious to think that we can solve a huge global problem like habitat loss by putting up a few bird feeders, but if we all do a little, I'm sure we can make a difference.（問1）

■訳

私は動物が大好きです。私は遠い国々の魅力的な動物たちに関する野生生物ドキュメンタリーを見るのがとても好きです。私はまた、自分の国に住む動物たちについて調べるのも好きです。ですので、ある鳥や哺乳動物が新たに絶滅の危機に瀕していることを知ると、いつも残念に思います。そういった訳で、このことのために何かをしようと決心したのです。

動物たちにとっての大きな危険の1つは、生息環境の消失です。例えば、新しい道路を作ったり、新しい家を建てたりすることで、その土地固有の種から貴重な土地が奪われる可能性があります。動物たちを助けるための私の行動はとても簡単なものでした——生息環境を加えたのです！ 私は木を植え、そこに鳥の餌箱を置きました。今、冬が到来したので、今までよりも多くの鳥たちが餌箱に訪れているのを私は見ています。

鳥の餌箱を幾つか作ることで生息環境の消失といった地球的な大問題を解決できるなどと考えるのはたぶん大胆すぎるでしょうが、私たち全員がちょっとしたことをすれば、違いを生むことができると私は確信しているのです。

■語注

☐ wildlife：野生生物、野生動物 ☐ fascinating：魅惑［魅力］的な ☐ find out about ～：～について調べる ☐ depressing：元気を失わせる、気のめいるような ☐ mammal:哺乳動物 ☐ be in danger of ～：～の危険がある、～しそうである ☐ extinction：(種などの) 絶滅 ☐ disappearance：消失、消滅 ☐ habitat：生息環境、生育地 ☐ take away ～ from . . .：～を……から取り上げる ☐ valuable：貴重な、価値のある ☐ native：(動植物が) 自生の、その土地特有の ☐ species：種 ☐ feeder：餌箱 ☐ now that ～：～だから、～であるので ☐ make a difference：違いが生じる、重要である

【解答と解説→『別冊解答集』 p. 13】

／／ エクササイズ 🎧074 🇺🇸

今日の
学習成果を、
実践形式の問題で
確認しよう!

音声を再生して、短い講義を1つ聞き、問1と問2の2つの問いに答えましょう。それぞれの問いについて、答えとして最も適当なものを、4つの選択肢のうちから1つずつ選びましょう。

問1

What does the speaker say about GM?

- ① It can be used to destroy insects.
- ② Its effects on human health are still mostly unknown.
- ③ It is basically a good idea.
- ④ It affects humans in the long term.

問2

What does the speaker want people to do?

- ① To be more aware of GM.
- ② Not to buy GM food.
- ③ To be more concerned about the problem of extinction.
- ④ To increase crop yields.

／／ これだけは忘れんといて!

- 仮定法過去は「もし〜なら、……だろうに」と現在の事実と反する事柄を表す。
- **far**には比較級、最上級を強調して「ずっと、はるかに」という意味がある。
- 「エイ」や「オウ」の発音を正確にする。

学習ポイント → 論理展開を理解する③

説明的な講義文でも、「序論→本論→結論」の流れは同じ。

 Day 7とDay 8では、トピックに関して話し手が意見や要望をまとめる「議論的」な講義を主に扱いました。今日は、トピックについて説明する形式の講義を聞いてみましょう。

 まずは練習問題で腕試し。どれだけ聞ける？どれだけ解ける？

 レッツ トライ！ 🎧 075 ✛

音声を再生して、短い講義を1つ聞き、問1と問2の2つの問いに答えましょう。それぞれの問いについて、答えとして最も適当なものを、4つの選択肢のうちから1つずつ選びましょう。

【解答と解説→pp. 86〜87】

問1

How many people attended the competition in 2005?

☐ ❶ Thirteen.
☐ ❷ Twenty.
☐ ❸ Nearly thirty.
☐ ❹ More than thirty.

問2

What does the speaker expect for next year's competition?

☐ ❶ There will be more contestants.
☐ ❷ The prize money will increase.
☐ ❸ The winner will fly farther than this year's winner.
☐ ❹ There will be more visitors to the competition.

ココが狙われまっせ！

説明的な講義でも、トピックの詳細は本論にくることが多い。従って、問1は講義の中盤を注意して聞こう。問2のような「将来の予想」は結論部に来ると予想できる。

正解とスクリプト　🎧 075

> 次ページの解説を
> 要チェック!

問1　正解 ④　　問2　正解 ①

■スクリプト

　　　Every summer, / a strange competition is held / in a seaside town on the south coast of England.　The town is called Bognor Regis, / and the competition aims to find the Bognor Birdman.

　　　The Bognor Birdman is not an unknown creature / like the yeti / — the hairy manlike animal / that some people believe lives in the Himalayas.　No, / the Bognor Birdman is the title / given to the person / who can fly the farthest / without using an engine.　In other words, / the contestants must try to fly / in a "human-powered flying machine."

　　　In 2005, / more than 30 people entered the contest.　Most were from England, / but there were also competitors / from as far away as Canada and the United States.　They all had to jump / from the end of a pier, / which is like a wooden walkway / above the sea.　The winner flew for nearly 80 meters, / but most fell straight into the water / a meter or two from the pier.

　　　There is a prize of 30,000 pounds for anyone / who can fly farther than 100 meters.　The prize money should bring back many more hopeful competitors / next year, / all hoping to become the Bognor Birdman.

■語注
□ aim to do：〜することを目指す　□ yeti：雪男
□ hairy：毛深い、毛むくじゃらの　□ manlike：人間のような　□ Himalayas：ヒマラヤ山脈　□ farthest：一番遠くへ　□ in other words：言い換えれば、すなわち
□ human-powered：人力の　□ pier：桟橋、波止場
□ walkway：通路　□ farther：より遠く

■訳

　　　毎年夏に、イングランドの南岸の海辺の街で変わった競技会が行われます。その街はボグナー・リージスと呼ばれていて、この競技会はボグナー・バードマンを見つけることを目的としています。

　　　ボグナー・バードマンは、ヒマラヤ山脈に住んでいると信じている人がいる、人間に似た毛むくじゃらの動物の雪男のような未知の生物ではありません。そうではなく、ボグナー・バードマンは、動力を使わずに最も遠くへ飛ぶことができる人へ与えられる称号なのです。言い換えると、競技者は「人力の飛行機」に乗って飛ぼうとしなければならないのです。

　　　2005年には、30人を上回る人が競技に参加しました。ほとんどはイングランドから来ましたが、カナダやアメリカといった遠方からの競技者もいました。彼らは皆、海の上にある木造の通路のような桟橋の端から飛ばなくてはなりませんでした。優勝者は80メートル近く飛びましたが、ほとんどは桟橋から1、2メートルの所で海へ真っ逆さまに落ちました。

　　　100メートルより遠くへ飛ぶ人には、3万ポンドの賞金が出ます。この賞金につられて、ボグナー・バードマンになろうと、より多くの有望な競技者たちが来年もまた戻ってくるに違いありません。

問1　2005年の競技会には何人が参加しましたか?

❶ 13人。
❷ 20人。
❸ 30人近く。
❹ 30人を上回る人。

問2　来年の競技会について、話し手はどう考えていますか?

❶ より多くの競技者が参加する。
❷ 賞金が増える。
❸ 優勝者は今年の優勝者よりも遠くへ飛ぶ。
❹ 競技会の観客が増える。

Day 9

話さなくちゃ
身に付かない。
解説を読んだら
「音読」も
忘れずに!

キムタツの3S解説

説明的な講義文でも、構成は「序論→本論→結論」が基本。この場合、トピックの紹介（序論）→トピックの詳細の説明（本論）→トピックのまとめ（または、将来の予想）（結論）といった流れになるのが一般的である。この講義文は、イングランドで行われている、少し変わった競技会に関して説明している。問1については、本論の後半（第3段落）の最初に**In 2005 more than 30 people entered the contest.**とあるので、**④**が正解となる。**❸**の**nearly**は、その数に「近づいているが、達していない」ことを表すので注意。問2はトピックに関する将来の予想なので、結論部（第4段落）に注意する。**The prize money should bring back many more hopeful competitors next year**と述べられているので、正解は**❶**となることが分かる。

Structure（構造）

「**主語＋動詞**」の挿入で文の構造を聞き間違えないこと。第2段落の第1文後半は**the hairy manlike animal that (some people believe) lives in the Himalayas**のように、挿入句の**some people believe**をカッコでくくると文構造が分かりやすくなる。「ヒマラヤ山脈に住んでいる（と信じている人がいる）、人間に似た毛むくじゃらの動物」という意味で、**that**は**animal**を先行詞とする関係代名詞、それに呼応する動詞が**lives**である。

Sense（意味）

微妙な数量の違いにも気を付ける。**more than ～** は「～以上」と訳されることも多いが、正確には「～を上回る、超える」で、**more than 30 people**の場合は「30人」は含まれない。**nearly**は「到達点に近づいているが、まだ達していない」を表すので、**nearly 80 meters**は「80メートルより少ないが、それにかなり近い」ことになる。

Sound（発音）

難解な発音の（固有）名詞が出てきても慌てない。ごく一般的な地名や国名以外なら、文中のどこかで説明されるのが普通なので、その箇所を正確に聞き取ること。ここでは**Bognor Regis**、**the Bognor Birdman**という固有名詞が登場しているが、その前後で「どこの地名か」「どんな人か」が説明されている。同様に**yeti**（雪男［発音は「イェティ」]）も直後に何のことか述べられている。知らない発音に遭遇してパニックにならないようにしよう。

🎧 **076** 音読に挑戦! 音声076を再生して、各文の後のポーズ（無音）部分で英文を音読してみよう。意味の切れ目を表すスラッシュ（/）に注意!

ドリル

音声077〜079には、序論、本論、結論の各段落の順番を変えた講義文が収録されています。
音声を聞き空所に入る語や数字を書き取りましょう。次に右ページの各問に答え、最後に講義
文の論理展開に合うように問1〜問3を並べ替えましょう。音声080は正解の通し音声です。
【解答と解説→pp. 90〜91】

問1 🎧077

Soccer is generally ① (　　　　　　　　　) as the world sport
② (　　　　　　) it's ③ (　　　　　　　　) all over the
④ (　　　　　　　), unlike baseball or other sports that are only
played in a few ⑤ (　　　　　　　). As any soccer fan will tell you,
the World Cup ⑥ (　　　　　　) together the strongest national
⑦ (　　　　　　　) from around the globe.

問2 🎧078

It is generally agreed that the teams are getting ① (　　　　　　　　)
each year. This adds to the ② (　　　　　　　) as the level gets
higher and the number of ③ (　　　　　　　) increases. Around the
world, an ④ (　　　　　　) of over ⑤ (　　　　　　　　) million
people watch each ⑥ (　　　　　　　) of the finals live on TV. New
soccer stars instantly become ⑦ (　　　　　　　) around the globe,
just as Pele and Beckham did before them. Who will be the global
⑧ (　　　　　　) of the next World Cup finals?

問3 🎧079

Every four years, since ① (　　　　　　　　　), the World Cup finals have
② (　　　　　　) place in a different country. Traditionally, the
finals were ③ (　　　　　　　) in Europe or South America, but more
recently other ④ (　　　　　　　) have been chosen –
⑤ (　　　　　　　), in 2002, and Africa, in 2010. These days the
⑥ (　　　　　　) stages involve nearly ⑦ (　　　　　　　)
national teams, although just 32 nations ⑧ (　　　　　　　) it to the
World Cup finals.

並べ替え

問 (　　　) →問 (　　　) →問 (　　　)

ディクテーションで
「英語の耳」を
鍛えよう!

サッカーが世界的なスポーツである理由は何だと言っていますか?

Ⓐ ワールドカップがある
Ⓑ 世界中でプレーされている
Ⓒ 各国に代表チームがある

ワールドカップの各試合は世界中で平均何人が見ると言っていますか?

Ⓐ 300万人
Ⓑ 3000万人
Ⓒ 3億人

ワールドカップは何年に最初に開催されたと言っていますか?

Ⓐ 1913年
Ⓑ 1930年
Ⓒ 1934年

Advice from キムタツ

将来の自分をイメージしながら努力することは大切です。確かに漠然とした人生ではあるけれども、「英語を使ってバンバンと世界で活躍できたらな」など将来のビジョンを念頭に置いて努力することです。そうすればモチベーションがキープできて、きっとあなたは成功します。

問1

■ 正解　① regarded　② because　③ played　④ world　⑤ countries　⑥ brings　⑦ teams

■ 正解の選択肢　B

■ 解説　**理由を聞かれているときはbecauseに注意**。サッカーが世界的なスポーツである理由としては、第1文の後半に**because it's played all over the world**とある。従って、正解は **B**。**because**のほかにも、理由を表す接続詞には**as**、**since**がある。接続詞以外にも、to不定詞の副詞的用法や**in order to do**（〜するために）なども理由を表す。

問2

■ 正解　① stronger　② excitement　③ spectators　④ average　⑤ 300　⑥ game　⑦ famous　⑧ heroes

■ 正解の選択肢　C

■ 解説　**英語の数字の「位」に注意**。英語では、**thousand**（千）、**million**（100万）、**billion**（10億）の順で位がつけられる。第3文に **300 million people**とあるので、正解は **C** となる。目についた数字をすぐに英語にするなどの練習をして、英語での数字の表し方をしっかりとマスターしておこう。

問3

■ 正解　① 1930　② taken　③ held　④ continents　⑤ Asia　⑥ qualifying　⑦ 150　⑧ make

■ 正解の選択肢　B

■ 解説　**数字の聞き取りは、何と言っても「自分も正確に読めること」にある**。第1文に**Every four years, since 1930, the World Cup finals have taken place**とあるので、正解はもちろん **B**。**30**（thirty）と**13**（thirteen）の聞き分けの問題だが、しっかり聞き取れただろうか？ 間違えてしまった人は、数字を正確に読む練習を心がけよう。

■ 並べ替えの正解　順に、問1→問3→問2

■ 解説　**時系列の流れの説明文では、将来の予想は本論後半または結論にくる**。トピックはサッカーのワールドカップである。これについて、時系列で説明されているのだから、問1（序論）→問3（本論）→問2（結論）が自然な流れであることが分かる。**national teams**（代表チーム）が問1の最後、**teams**が問2の最初に出てくるので、問2を問1の次に持っていきたくなるが、そうすると時間の流れがずれてしまい時系列通りに話が進まなくなってしまうことに注意。

■並べ替えの正解スクリプト 🎧 080

　　　Soccer is generally regarded as the world sport because it's played all over the world, unlike baseball or other sports that are only played in a few countries. As any soccer fan will tell you, the World Cup brings together the strongest national teams from around the globe. （問 1）

　　　Every four years, since 1930, the World Cup finals have taken place in a different country. Traditionally, the finals were held in Europe or South America, but more recently other continents have been chosen — Asia, in 2002, and Africa, in 2010. These days the qualifying stages involve nearly 150 national teams, although just 32 nations make it to the World Cup finals. （問 3）

　　　It is generally agreed that the teams are getting stronger each year. This adds to the excitement as the level gets higher and the number of spectators increases. Around the world, an average of over 300 million people watch each game of the finals live on TV. New soccer stars instantly become famous around the globe, just as Pele and Beckham did before them. Who will be the global heroes of the next World Cup finals? （問 2）

■訳

　一般にサッカーは、幾つかの国でしか競技されていない野球や、そのほかのスポーツとは違い、世界中で競技されているので、世界的なスポーツと見なされています。サッカーファンなら誰でも言うように、ワールドカップには地球上の最強の代表チームが集まります。

　1930年以降の4年に1度、ワールドカップの本大会は異なる国で開催されてきました。伝統的に、本大会はヨーロッパか南アメリカで開催されていましたが、ごく最近になってほかの大陸が選ばれています――2002年のアジアや、2010年のアフリカなどです。最近では、予選には150カ国近い代表チームが参加していますが、ワールドカップの本大会に出場するのはわずか32カ国だけです。

　各国のチームは年々強くなっていると一般には考えられています。このことによってレベルが高くなり、観客の数も増えるので、興奮が増します。世界中で平均3億人以上の人々が、本大会の各試合をテレビの生放送で観戦します。新しいサッカーのスターたちは、すぐに世界中で有名になります。ちょうどペレやベッカムが前例となったようにです。誰が次のワールドカップの本大会の世界的なヒーローになるでしょうか?

■語注

□ regard 〜 as . . . : 〜を……と見なす、考える
□ World Cup : ワールドカップ（4年に1度開催されるサッカーの世界選手権）　□ bring together 〜 : 〜を呼び集める、寄せ集める　□ globe : 地球　□ final : (サッカーなどの) 本大会、決勝戦　□ take place : 行われる、開催される　□ traditionally : 伝統的に　□ continent : 大陸　□ these days : 最近、近ごろ　□ qualifying : 予選の　□ make it to 〜 : 〜にたどり着く　□ add to 〜 : 〜を増す　□ instantly : すぐに、即座に

今日の
学習成果を、
実践形式の問題で
確認しよう!

エクササイズ 🎧081 🌐

音声を再生して、短い講義を1つ聞き、問1と問2の2つの問いに答えましょう。それぞれの問いについて、答えとして最も適当なものを、4つの選択肢のうちから1つずつ選びましょう。

【解答と解説→『別冊解答集』 p. 14】

問1

How many men stole the painting from the museum?

- ❶ One.
- ❷ Two.
- ❸ Six.
- ❹ Eight.

問2

What does the speaker say about the painting?

- ❶ It was destroyed.
- ❷ It was found almost undamaged.
- ❸ It was sold.
- ❹ It hasn't been found yet.

これだけは忘れんといて!

- ●「主語＋動詞」の挿入で文の構造を聞き間違えないこと。
- ● 微妙な数量の違いにも気を付ける。
- ● 難解な発音の（固有）名詞が出てきても慌てない。

学習ポイント → 論理展開を理解する④

さまざまな形式の講義文に慣れておこう！

 いよいよ最後のDay 10に入りました。ここまできた皆さんは、講義文の苦手意識がかなりなくなったのでは？　それでは、最後の「レッツ トライ！」からスタート！

まずは練習問題で腕試し。どれだけ聞ける？どれだけ解ける？

レッツ トライ！　🎧 082

音声を再生して、短い講義を1つ聞き、問1と問2の2つの問いに答えましょう。それぞれの問いについて、答えとして最も適当なものを、4つの選択肢のうちから1つずつ選びましょう。

【解答と解説→pp. 94〜95】

問1

According to the lecture, which statement is true?

- ☐ ① Voting rates in recent Japanese general elections have been higher than in the U.S.
- ☐ ② Voting rates in recent Japanese general elections have been lower than in the U.S.
- ☐ ③ Voting rates in recent Japanese general elections have been as low as those in the U.S.
- ☐ ④ Voting rates in Japan and the U.S have been higher than in Australia and Belgium.

問2

What does the speaker say about the Australian election?

- ☐ ① Every citizen has a legal obligation to vote.
- ☐ ② Its voting rate is lower than Belgium.
- ☐ ③ Its voting rate is always as high as 80 percent.
- ☐ ④ Its general election is held every five years.

ココが狙われまっせ！

問1では、講義文に登場する4つの国がそれぞれどのように比較されているかに注意しよう。それを踏まえた上で、オーストラリアの現状を聞き取って、問2に答えよう。

正解とスクリプト　🎧 082

次ページの解説を
要チェック！

問1　正解 ③　　問2　正解 ①

■スクリプト

Generally speaking, / it is accepted in the West / that the fairest form of government is democracy. The main idea of democracy is / that people are free to choose their own government. They choose by voting in regular elections / that are held every four or five years / in most countries.

Many countries / that now follow democracy / had suffered years of protest and revolutions / before all their citizens were finally given the right to vote. That is why / it can be surprising / to see how few people actually bother to vote / in modern elections. At recent general elections in Japan and the USA, / for example, / only about a half of the citizens voted. In contrast, / more than 9 out of 10 citizens voted in Australia and Belgium.

Why do some people choose not to vote? It is believed / that fewer people vote / when they are satisfied with their lives, / that is, / if they have jobs / and the economy is doing well. Alternatively, / it may be / that others don't think / voting will change anything / — their lives will stay the same / whether they vote or not.

The high figures for Australia and Belgium are actually easier to explain: / the governments there believe / that voting is so important that it is compulsory. In other words, / it is illegal not to vote.

■語注

□ generally speaking：一般的に言って　□ democracy：民主主義　□ voting：投票　□ suffer：（苦難など）を経験する　□ bother to do：わざわざ～する　□ general election：総選挙　□ in contrast：それに比べて、対照的に　□ that is：つまり、換言すれば　□ alternatively：あるいはまた　□ compulsory：強制的な、義務的な　□ illegal：違法の

■訳

　一般に、最も公正な統治の形態は民主主義であると西欧諸国では信じられています。民主主義の中心的な考えは、人々は自分たちの政府を選ぶ自由があるというものです。ほとんどの国で4年か5年ごとに行われる通常選挙において、投票で人々は選択します。

　現在、民主主義に従っている多くの国々では、その全市民が投票の権利を最終的に与えられる以前に、何年にもわたる抗議行動や革命を経験してきました。その意味では、いかに少ない人々が近年の選挙において実際に投票しているかを見るのは驚くべきことと言えます。例えば、日本とアメリカにおける最近の総選挙では、市民の約半数ほどしか投票しなかったのです。対照的に、オーストラリアやベルギーでは、市民の10人のうち9人以上が投票しました。

　なぜ人々の中には投票しないことを選ぶ人がいるのでしょうか？　生活に満足しているときには、あまり多くの人が投票しないと考えられています。つまり、仕事を持っていたり、経済がうまくいっているときです。あるいはまた、投票では何も変わらないと考えている人もいるかもしれません——投票しようがしまいが、生活は同じままということです。

　オーストラリアとベルギーの高い投票率は、実は説明するのが容易です。この国々の政府は、投票は非常に重要なので義務であると考えているからです。言い換えると、投票しないのは違法なのです。

問1　講義によると、正しいのはどれですか？
❶ 最近の日本の総選挙の投票率はアメリカより高い。
❷ 最近の日本の総選挙の投票率はアメリカより低い。
❸ 最近の日本の総選挙の投票率はアメリカのそれと同じくらい低い。
❹ 最近の日本とアメリカの投票率はオーストラリアとベルギーより高い。

問2　オーストラリアの選挙について、話し手は何と言っていますか？
❶ 全ての市民が投票の法的義務がある。
❷ 投票率はベルギーよりも低い。
❸ 投票率はいつも80パーセントの高さである。
❹ 総選挙が5年おきに行われている。

話さなくちゃ
身に付かない。
解説を読んだら
「音読」も
忘れずに！

キムタツの3S解説

「対比型」の講義文では、「比べられているもの」をしっかりと押さえる。ここでは、日本、アメリカ、オーストラリア、ベルギーの4つの国が登場しているが、前者の2国が「投票率の低い国」、後者の2国が「投票率の高い国」として対比されている。従って、本論部前半（第2段落）で**At recent general elections in Japan and the USA, for example, only about a half of the citizens voted.**とあるように、問1の正解は❸となる。オーストラリアの投票率の高さの理由については、結論部（第4段落）に**it [voting] is compulsory**とあるので、問2は❶が正解。文中の**compulsory**（強制的な、義務的な）が、正解の選択肢では**obligation**（義務）に置き換えられていることも確認しよう。

Structure（構造）

過去完了形は「過去のある時点を基準にして、それまでに経験したことや継続していたこと」を表す。第2段落の第1文にある**Many countries ... had suffered years of protest and revolutions**は、投票の権利が与えられたという「過去の時点」までに「抗議運動や革命を経験してきた」ことを表している。第1段落の第1文の**it is accepted in the West that ...**、第3段落の第2文の**It is believed that ...**の**it**は「仮主語」で、真の主語は**that**節であることも併せて確認しておきたい。

Sense（意味）

That [This] is why ~ は「そう [こう] いうわけで~、そう [こう] いう理由 [意味] で~」と訳す。直訳すると「それ [これ] は~という理由です」となるが、英語の語順のままに理解できるようにしておこう。第1段落の最終文にある**every**は「~ごとに、毎~」という意味で、ここでの**every four or five years**（4年か5年ごとに）のほかにも、**every other day**（1日おきに）、**every other line**（1行おきに）といった使い方を押さえておこう。第4段落の最初の文にある**figure**は「姿」ではなく「数、数字」という意味。

Sound（発音）

-cracyで終わる語は、**-cracy**の直前にアクセントがくる。**democracy**は「ディ**マ**クラスィ」のように、「マ」にしっかりとアクセントを置こう。このほかにも、**aristocracy**（貴族）、**bureaucracy**（官僚）もそれぞれ「アリス**タ**クラスィ」、「ビュー**ラ**クラスィ」と**-cracy**の直前にアクセントがくる。**alternatively**（発音は「オーゥ**ター**ナティヴリ」）の発音にも要注意。

🎧 083 | 音読に挑戦！ | 音声083を再生して、各文の後のポーズ（無音）部分で英文を音読してみよう。意味の切れ目を表すスラッシュ（/）に注意！

ドリル

音声084〜086には、序論、本論、結論の各段落の順番を変えた講義文が収録されています。音声を聞いて、空所に入る語を書き取りましょう。次に右ページの各問に答え、最後に講義文の論理展開に合うように問1〜問3を並べ替えましょう。音声087は正解の通し音声です。

【解答と解説→pp. 98〜99】

問1 🎧084 ✛

A current ① (　　　　　　　　　) of protectionism is taking place in Europe. The European Union (EU) was worried that ② (　　　　　　　　　) clothing from China would ③ (　　　　　　　　　) the EU clothing industry. So, the EU made an ④ (　　　　　　　) with China that only a certain ⑤ (　　　　　　　) of clothes would be ➜ imported to the EU. However, Chinese companies have exported more than this ⑥ (　　　　　　　　). As a result, millions of items of clothing from China are now ⑦ (　　　　　　　) at EU ports — the EU will not allow the clothes to ⑧ (　　　　　　　) Europe.

問2 🎧085 ✛

It is usually the ① (　　　　　　　) countries that say they are in ② (　　　　　　　) of globalization, ③ (　　　　　　　) they can see the benefits of ④ (　　　　　　) their ⑤ (　　　　　　　) to more and more people. The other side of this, though, is that ⑥ (　　　　　　　) ➜ countries want to sell their own goods to ⑦ (　　　　　　) nations, too. When this happens, rich countries ⑧ (　　　　　　　) to uphold the principles of free trade that they say they believe in.

問3 🎧086 ✛

As a rule, ① (　　　　　　　) say that they believe in free trade. Nevertheless, although they may say that ② (　　　　　　) on imports and exports are bad, in reality, they are quick to ③ (　　　　　　　) any free trade that ④ (　　　　　　) industry in ➜ their own ⑤ (　　　　　　　). For instance, governments soon put ⑥ (　　　　　　) on imports that affect their ⑦ (　　　　　　　) nation's ⑧ (　　　　　　　). This type of policy is called protectionism.

並べ替え

問 (　　　　) →問 (　　　　) →問 (　　　　)

ディクテーションで
「英語の耳」を
鍛えよう!

中国から輸入される衣料が問題となっているのはなぜですか?

Ⓐ 価格が安いから
Ⓑ 輸入量が少ないから
Ⓒ 品質が悪いから

豊かな国々が国際化に賛成しているのはなぜですか?

Ⓐ 自国の製品を他国へ売れるから
Ⓑ 世界の富の分配に寄与するから
Ⓒ 他国の品質の良い製品を自国で買えるから

どのような製品の輸入量に上限が課せられると言っていますか?

Ⓐ 経済制裁を加えている国の製品
Ⓑ 自国の産業に影響を与える製品
Ⓒ 国交が結ばれていない国の製品

Advice from キムタツ

みんなよく頑張ったね。ディクテーションはしたかな? 音読は何度もやったかな?
ほかの人はだませても自分だけはだませない。「やったぞ!」という達成感のある人
は必ず成功します。自信を持って入試に臨んでくださいね。合格したら僕のブログに
コメントをください。報告を待っています!

ドリル解説

問1

■ 正解　① example　② cheap　③ harm　④ agreement　⑤ amount　⑥ limit　⑦ waiting
⑧ enter

■ 正解の選択肢　Ⓐ

■ 解説　**対比されているものの間の関係を押さえる。** ここでは欧州（豊かな国々）と中国（経済的に欧州から後れを取っている国）が対比されている。中国からの衣料品が問題となっている理由としては、第2文に **The European Union (EU) was worried that cheap clothing from China would harm the EU clothing industry.** とある。従って、正解はⒶ。

問2

■ 正解　① rich　② favor　③ because　④ selling　⑤ goods　⑥ poorer　⑦ richer　⑧ refuse

■ 正解の選択肢　Ⓐ

■ 解説　**理由を表す接続詞のbecause以下を聞き取る。** 経済の国際化が豊かな国にとってプラスとなるのは、自国の製品を他国に売り、輸出拡大による利益を得るからである。第1文後半で **because they can see the benefits of selling their goods to more and more people** と言っていることからも、Ⓐが正解だと分かる。

問3

■ 正解　① governments　② taxes　③ stop　④ hurts　⑤ countries　⑥ limits　⑦ own
⑧ industries

■ 正解の選択肢　Ⓑ

■ 解説　**関係代名詞節による後置修飾を聞き流さないように注意する。** 第3文に **governments soon put limits on imports that affect their own nation's industries** とあることから、正解はⒷ。このthatは関係代名詞で、that以下の関係代名詞節（自国の産業に影響を与える）が直前の **imports**（輸入品）を後ろから修飾していることを確認しておこう。

■ 並べ替えの正解　**順に、問3→問1→問2**

■ 解説　**各段落の要旨をまとめる練習を取り入れる。** 各段落の要旨はそれぞれ、問1「最近の例として欧州では輸入制限が起きている」、問2「国際化に賛成の国々でも自由貿易に反することがある」、問3「一般に自由貿易をうたいながらも輸入を制限する国がある」というもの。従って、問3（序論）→問1（本論）→問2（結論）という流れになる。

どれだけ
聞き取れたかを
チェック。

■並べ替えの正解スクリプト 🎧 087 🌐

As a rule, governments say that they believe in free trade. Nevertheless, although they may say that taxes on imports and exports are bad, in reality, they are quick to stop any free trade that hurts industry in their own countries. For instance, governments soon put limits on imports that affect their own nation's industries. This type of policy is called protectionism. (問3)

A current example of protectionism is taking place in Europe. The European Union (EU) was worried that cheap clothing from China would harm the EU clothing industry. So, the EU made an agreement with China that only a certain amount of clothes would be imported to the EU. However, Chinese companies have exported more than this limit. As a result, millions of items of clothing from China are now waiting at EU ports — the EU will not allow the clothes to enter Europe. (問1)

It is usually the rich countries that say they are in favor of globalization, because they can see the benefits of selling their goods to more and more people. The other side of this, though, is that poorer countries want to sell their own goods to richer nations, too. When this happens, rich countries refuse to uphold the principles of free trade that they say they believe in. (問2)

■訳

一般に各国の政府は、自分たちは自由貿易を信用していると言います。にもかかわらず、輸入品や輸出品への租税は悪いことだと言いながらも、実際には政府は自国の産業に損害を与える自由貿易はすぐに止めようとします。例えば、各国の政府は、自国の産業に影響を与える輸入品に限度をすぐに設けます。この種の政策は保護貿易主義と呼ばれています。

保護貿易主義の最近の例は、ヨーロッパで起きています。欧州連合（EU）は、中国からの安価な衣料がEUの衣料産業に損害を与えるかもしれないと心配しました。そして、EUは、一定の量の衣料品だけをEUに輸入するという協定を中国と結びました。しかし、中国の企業はこの限度以上を輸出したのです。その結果、中国からの多数の衣料品が今、EUの港で出荷待ちとなっています——EUは衣料品がヨーロッパに入ってくるのを認めないでしょう。

国際化に賛成であると言うのはたいていの場合は豊かな国々です。なぜなら、自国の商品をより多くの人々に売ることで利益を上げられるからです。しかし、この反面では、貧しい国々も豊かな国々へ自国の商品を売ることを希望しています。こうなると、豊かな国々は自分たちが信用している自由貿易の原則を擁護するのを拒むことになるのです。

■語注

☐ as a rule：一般に、概して　☐ nevertheless：それにもかかわらず　☐ tax on ～：～への税、租税　☐ in reality：実際には　☐ hurt：～に損害を与える　☐ protectionism：保護貿易主義［政策］　☐ European Union：欧州連合（＝EU）　☐ harm：～を害する　☐ make an agreement with ～：～と契約［協定］を結ぶ　☐ allow ～ to do：～に……することを許可する　☐ in favor of ～：～に賛成して、味方して　☐ globalization：国際化　☐ refuse to do：～することを拒む　☐ uphold：～を支持する、擁護する　☐ principle：原理、原則

▌▌　エクササイズ　🎧 088 🇺🇸

音声を再生して、短い講義を1つ聞き、問1と問2の2つの問いに答えましょう。それぞれの問いについて、答えとして最も適当なものを、4つの選択肢のうちから1つずつ選びましょう。

【解答と解説→『別冊解答集』p. 15】

> 今日の
> 学習成果を、
> 実践形式の問題で
> 確認しよう!

問1

According to the lecture, which statement is true?

- ☐ ❶ Almost all economic theories are actually easy to understand.
- ☐ ❷ Basic economic theory is based on simple everyday activities.
- ☐ ❸ Economists tend to confuse students with difficult ideas.
- ☐ ❹ Politics is as difficult as economics to study.

問2

What does the speaker want economics students to do?

- ☐ ❶ To learn as many economic terms as possible.
- ☐ ❷ To keep the basic problem of economics in mind.
- ☐ ❸ To buy easy-to-understand economic books.
- ☐ ❹ To study other subjects as hard as economics.

▌▌　これだけは忘れんといて!

● 過去完了形は「過去のある時点を基準にして、それまでに経験したことや継続していたこと」を表す。

● **That [This] is why** ~は「そう [こう] いうわけで~、そう [こう] いう理由 [意味] で~」と訳す。

● -cracy で終わる語は、-cracyの直前にアクセントがくる。

Welcome to Kimutatsu's Cafe 2

コラム「Kimutatsu's Cafe」では、
キムタツ先生のお知り合いの先生をお迎えして、
「英語体験談」を語っていただきます。

文法力・語彙力を基礎に、ディクテーションとシャドウイングで、リスニング力とスピーキング力を飛躍的に伸ばす

柴原 智幸先生（SHIBAHARA, Tomoyuki）神田外語大学専任講師・同時通訳者

　木村先生とは同じセミナーの講師を務めた時にお会いして以来、いろいろと学ばせていただいています。先生のセミナーにお邪魔したり、いろいろ相談に乗っていただいたり、さらには共著で英作文の本まで書かせていただきました。ありがとうございます。

　さて、私が高校生だった1980年代、英語教育の主流はいわゆる「文法訳読」方式でした。難しい英文を正確に読み解くための指導は受けましたが、英語を話したり聞いたりという部分は、あまり注目されていなかったのです。

　ただ、私は1950～60年代の、アメリカの「懐メロ」が好きだったので、よく聞いていました。そんなわけで、英語の「音」は身近だったと思います。そして、歌を歌うことも好きだったので、一緒に歌いたいと思ったのですが、歌詞が分かりません。当時はインターネットで検索などという手も使えませんでした。

　仕方がないので何度も曲を聴きながら歌詞を書き取り（当然虫食い状態です）、聞き取れた部分だけでも一緒に歌っていました。

　今で言うところの「ディクテーション」と「シャドウイング（オーバーラッピング）」

に、それと気付かずに取り組んでいたことになります。これがリスニングとスピーキングを飛躍的に伸ばしてくれました（一言付け加えておきますが、文法訳読方式で培った文法力や読解力があったからこそ、このような音声トレーニングが実を結んだのです）。

　リスニングが苦手であれば、「ディクテーション」で弱点を把握し、その弱点を「シャドウイング」でお手本と同じように口に出せるようになることが、一番の近道です。しかし、これは短期間につけられるような力ではありません。自分の中に力が蓄積するまでは、ある程度の期間（集中してやる場合は、一日の中でかける時間）が必要になります。

　だからこそ、今から取り組んでいれば、試験直前になって小手先の対策に走るような人に差をつけることができるのです。そして、そのようにしてつけた力は、大学に入学してからも、皆さんの学びを力強く支えてくれるはずです。

　「試験対策」と「本質的なトレーニング」は、重なる部分もありますが、本来は別物です。**大学合格をゴールではなくスタートラインにする**意味でも、腰を据えて後者に取り組んでみてください。

Appendix

🎧 **089**

モノローグ文の「流れ」をつかむ！

必須表現

75

とかく難しいと思われがちな「モノローグ」問題ですが、実は「流れ」をつかめば意外とラクラク聞き進めることができます。ここでは、モノローグでよく使われる必須表現75を厳選。特に苦手な人が多い講義文に対応するように、序論、本論、結論ごとに分けてまとめてあります。089に音声が入っていますので、読むだけでなく必ず聞いて、表現をモノにしておきましょう。

序論

➤ 序論で使われることの多い表現

トピックの紹介

- **We believe [think] that 〜**（私たちは〜だと考えています）
- **Most of us accept [agree] that 〜**（私たちのほとんどが〜だと認めています）
- **Generally, 〜 / In general, 〜 / Generally speaking, 〜**
  / As a rule, 〜 / On the whole, 〜（一般に［概して］〜）

  ＊「私たちは〜、一般に〜」とトピックを紹介することで、これから述べようとすることが偏った考えや意見ではなく、一般に受け入れられているものだと言う場合によく用いられる。

本論

本論で使われることの多い表現

列挙

- **First / Firstly / First of all / To begin [start] with**（最初に、まず第一に）
- **Second / Secondly**（第二に）
- **Third / Thirdly**（第三に）
- **Finally / Lastly**（最後に）

例示

- **for example [instance]**（例えば）
- **to give [take] an example**（一例を挙げれば）
- **such as 〜**（例えば〜など）
- **especially / in particular**（特に、とりわけ）

対比・比較

- **although / though / even though**（〜にもかかわらず、〜であるけれども）
  ＊**even though**は**though**の強調のほかにも「たとえ〜にしても＝**even if**」という意味がある。
- **while / whereas**（〜だが一方、〜なのに対し）
- **but / however / yet**（けれども、しかし）
  ＊**yet**は**but**、**however**よりも対比の意がやや強くなる。
- **nevertheless**（それにもかかわらず）
- **in spite of 〜 / despite 〜**（〜にもかかわらず）
- **on the contrary**（それどころか、そうではなく）
  ＊前に述べたことを否定する際に用いられる。
- **in [by] contrast**（それに比べて、対照的に）
- **on the other hand**（他方、これに対して）
  ＊2つの異なる状況や可能性を対比させる表現。
- **unlike**（〜と違って）

本論

類似

- **similarly / likewise / in the same way**（同じように、同様に）
  ＊前に述べたことと同様な状況などを説明する際に用いられる。

原因

- **because / since / as**（〜だから、〜なので）
- **for this [that] reason**（このような［そのような］理由で、この［その］ため）
- **as a result of 〜**（〜の結果として）
- **because of 〜 / due to 〜 / owing to 〜 / on account of 〜 / thanks to 〜**（〜の理由で、〜の原因で）
  ＊**thanks to 〜**は時に皮肉なニュアンスが加わる。
- **This [That] is why 〜**（これ［それ］が〜の理由だ、こう［そう］いうわけで〜だ）

結果

- **therefore / so / thus / hence / consequently / as a [in] consequence / accordingly**（その結果、それゆえに）
  ＊前に述べた原因の結果、どのような状況になったかを説明する際に用いられる。

追加

- **in addition / besides / moreover / furthermore / what is more**（その上、さらに加えて）

言い換え

- **in other words / that is to say / to put it another way / to paraphrase**（言い換えれば）
  ＊いずれも前に述べたことを要約する際にも用いられる。

結論

 結論で使われることの多い表現

まとめ

- **To conclude / In conclusion**（結論を言えば）
- **To sum up / To summarize / In short / In brief / Shortly / Briefly**（要約すれば、手短に言えば）

Index

色文字は Sense（意味）の欄に出てきた語、黒字は語注に出た語です。それぞれの語の右側にある数字は、登場した Day を表しており、丸数字の付いた語は別冊解答集に掲載しています。

書名	キムタツの大学入試英語リスニング 合格の法則【実践編】
発行日	2020 年 11 月 18 日（初版） 2021 年 2 月 1 日（第 2 刷）
監修・執筆	木村達哉
協力	チームキムタツ
編集	株式会社アルク 文教編集部
編集協力	挙市玲子
英文執筆・校正	Peter Branscombe、 Christopher Kossowski、 Margaret Stalker、Joel Weinberg
アートディレクション	細山田光宣
デザイン	小野安世（細山田デザイン事務所）
イラスト	花くまゆうさく
ナレーション	Chris Koprowski、David Mashiko、 Nadia McKechnie、Claire O'Conner
録音・編集	ジェイルハウス・ミュージック
DTP	株式会社秀文社
印刷・製本	日経印刷株式会社
発行者	天野智之
発行所	株式会社アルク 〒102-0073 東京都千代田区九段北 4-2-6　市ヶ谷ビル Website：https://www.alc.co.jp/ 中学・高校での一括採用に関するお問い合わせ： koukou@alc.co.jp（アルクサポートセンター）

木村 達哉
KIMURA, Tatsuya

1964 年 1 月 29 日生まれ。奈良県出身。関西学院大学文学部英文学科卒業。奈良県の私立高校を経て、1998 年より灘中学校・高等学校英語科教諭。趣味は絵を描くこととゴルフをすること。主な著作に『新ユメタン』『ユメブン』『東大英語』シリーズ（いずれもアルク）などがある。

・落丁本、乱丁本は弊社にてお取り替えいたしております。
　Web お問い合わせフォームにてご連絡ください。
　https://www.alc.co.jp/inquiry/
・製品サポート：https://www.alc.co.jp/usersupport/
・本書の全部または一部の無断転載を禁じます。著作権法上で
　認められた場合を除いて、本書からのコピーを禁じます。
・定価はカバーに表示してあります。
©2020 Tatsuya Kimura / ALC PRESS INC.
Yusaku Hanakuma
Printed in Japan.
PC：7020056　ISBN：978-4-7574-3636-7

地球人ネットワークを創る

アルクのシンボル
「地球人マーク」です。

キムタツの大学入試
英語リスニング
合格の法則
【実践編】

監修・執筆
木村達哉

別冊解答集
＊各学習日の「エクササイズ」の
　解答がまとめられています。

別冊解答集

Contents

Chapter
1

Q＆A選択問題対策

問1　正解 ❷ 🎧 009

■スクリプト 🇺🇸

Have you forgotten to register for selective service?　If you are a man or woman between the ages of 18 and 25, and in good mental and physical health, you are required to register.　Do your civic duty and sign up for selective service at city hall today.　It is a fast and easy process, and remember, it's the law.

■語注

□ register for ～：～に登録する　□ selective service：義務兵役　□ civic：市民［公民］としての　□ duty：義務　□ sign up for ～：～の届け出をする　□ city hall：市役所

■訳

義務兵役の登録を忘れていませんか？　18歳から25歳までで、心身ともに健康な男女ならば、登録が求められています。公民としての義務を果たし、義務兵役の届け出を市役所で今日行いましょう。手続きは迅速で簡単です。そして忘れないでおいてください。これは法律なのです。

登録するためには、どこに行かなくてはなりませんか？
❶ 軍の事務所。
❷ 市役所。
❸ 病院。
❹ 警察署。

■解説

設問はWhereで始まっているので、兵役登録の「場所」を聞き取る。第3文の後半に **sign up for selective service at city hall**（義務兵役の届け出を市役所で行いましょう）とあるので、❷が正解となる。場所を問う問題では、**at**、**in**、**on**などの場所を表す前置詞に注意。

問2　正解 ❷ 🎧 010

■スクリプト 🇬🇧

Cool off and get wet at the best water slides in the country.　Wild Fun Water Slides in Monterey is open seven days a week, all summer long.　Mention that you heard this commercial, and you'll get 10 percent off the price of admission.　So, grab your swimsuit, slap some sunscreen on and get ready for a great time.

■語注

□ cool off：涼しくなる、冷える　□ water slide：ウオータースライド（プールに滑り降りる滑り台）　□ mention：～と言う　□ admission：入場　□ grab：～をぎゅっとつかむ　□ slap ～ on：～を塗る、つける　□ sunscreen：日焼け止め剤

■訳

この国で最高のウオータースライドで涼しくなって、びしょぬれになりましょう。モントレーのワイルドファン・ウオータースライドは、夏中毎日営業しています。このコマーシャルを聞いたと言っていただければ、入場料が10パーセント引きになります。さあ、水着を手に取り、日焼け止めを塗って、そして素晴らしい時間を過ごす用意をしてください。

何が宣伝されていますか？
❶ スポーツ店。
❷ 水泳プール。
❸ スーパーマーケット。
❹ ドラッグストア。

■解説

設問はWhatで始まっているので、「何」が宣伝されているかを聞き取る。water slide（ウオータースライド）、**price of admission**（入場料）、**swimsuit**（水着）といった語から、❷が正解となる。

問1　正解 ❶ 019

■スクリプト

Lawyers representing the rap star Muggy will enter a plea of not guilty today in a San Francisco courthouse. Muggy is accused of assault with a deadly weapon after a fight broke out at a local club where he was performing last month. Two people claim they were hospitalized after Muggy hit them with the barrel of a gun.

■語注

□ represent：〜の代理をする　□ enter a plea of 〜：〜の申し立てをする　□ accuse 〜 of . . .：〜を……（不正・罪などの理由）で起訴する　□ assault：暴行　□ break out：突然発生する　□ hospitalize：〜を入院させる　□ barrel：銃身

■訳

ラップスターのマギーの代理をしている弁護士たちは今日、サンフランシスコ裁判所に無罪の申し立てをする予定です。マギーは先月、公演していた地元のクラブでけんかを起こした後、凶器で暴行した罪で起訴されています。拳銃の銃身でマギーが殴った後で入院したと2人が主張しています。

このニュースで正しいのはどれですか？
❶ 地元のクラブでの公演の後、マギーは逮捕された。
❷ マギーとのけんかで3人が負傷した。
❸ マギーは暴行で有罪となった。
❹ 地元のクラブでの公演の後、マギーは病院に運ばれた。

■解説

What is true of 〜？はどの選択肢が正しいかを問う問題。第2文に**Muggy is accused of assault . . . after a fight broke out at a local club**とあるので、正解は❶。accuse（〜を起訴する）が、選択肢では**arrest**（〜を逮捕する）に言い換えられていることに注意。

問2　正解 ❸ 020

■スクリプト

A 24-year-old woman is recovering in the hospital this morning after a shark attacked her yesterday while she was swimming at Shelly Beach. The woman suffered bites on her left arm and leg but is expected to make a full recovery. This is the third shark attack of the year, but luckily none have been fatal.

■語注

□ while：〜している間に　□ suffer：（損害など）を被る　□ bite：かむこと　□ expect 〜 to do：〜が……するだろうと期待する　□ make a recovery：回復する　□ fatal：命に関わる

■訳

昨日シェリー・ビーチで泳いでいる間にサメに襲われた24歳の女性が今朝、病院で回復へ向かっています。その女性は左腕と左脚をかまれましたが、完全に回復するだろうと考えられています。今回で今年3回目のサメによる襲撃ですが、幸いにも命に関わるものはありません。

今年、サメによる襲撃は何回ありましたか？
❶ 1回。
❷ 2回。
❸ 3回。
❹ 4回。

■解説

How many 〜？は「数」を問う質問。サメによる襲撃（shark attacks）については、最後の文に**This is the third shark attack of the year**（今回で今年3回目のサメによる襲撃です）とあるので、正解は❸となる。

問1　正解　❶　🎧 029

■スクリプト 🇬🇧

Hello, Steven, it's Mom. I have to work late tonight, so would you do me a favor? Would you feed Dusty and let her out? She's been in the house all day. Oh, and Claire said she'd be calling round later, so see if you can find out what she wants for her birthday — I have no idea what to get her. Thanks, love. See you later.

■語注

□ do ～ a favor：～の頼みを聞いてやる　□ feed：～に餌を与える　□ let ～ out：～が外に出ることを許す　□ call round：（家などに）立ち寄る　□ find out ～：～を探り出す、調べる

■訳

もしもし、スティーブン、ママよ。今夜は残業しなくてはならないから、お願いを聞いてくれるかしら？ ダスティーに餌をあげて、散歩に出してくれる？ 彼女は1日中、家の中にいるの。あ、それと、クレアが後でうちに立ち寄るかもしれないって言っていたから、誕生日に欲しい物を探り出せるかどうかやってみてね──彼女に何を買えばいいか私には分からないの。よろしくね。じゃあ、後でね。

スティーブンは何をするように頼まれていますか？

❶ 動物を散歩に連れていく。
❷ クレアの自宅に電話をする。
❸ 夕食の食品を買う。
❹ 家にいる。

■解説

「すべきこと」を問う問題では、英文中の動詞に注意。第3文の**Would you feed Dusty and let her out?**だけが選択肢の❶に当てはまる。**let ～ out**（～が外に出ることを許す）が**take ～ for walk**（～を散歩に連れていく）に言い換えられていることもチェック。

問2　正解　❹　🎧 030

■スクリプト 🇺🇸

Here is tomorrow's weather. San Francisco will be foggy and cool, with a high of 15 and a low of 10. Phoenix will be hot and dry, with a high of 30 and a low of 26. Chicago will be windy but comfortable, with a high of 22 and a low of 17. Miami will get some rain, with a high of 25 and a low of 22.

■語注

□ foggy：霧の深い　□ windy：風のある［強い］
□ comfortable：（温度などが）快適な

■訳

明日の天気です。サンフランシスコは霧が多く涼しくなり、最高気温は15度、最低気温は10度の予想です。フェニックスは暑く乾燥して、最高気温は30度、最低気温は26度になる見込みです。シカゴは風が強くなりますが気温は快適で、最高気温は22度、最低気温は17度になるでしょう。マイアミは雨で、最高気温は25度、最低気温は22度になるでしょう。

マイアミの明日の天気はどうなりそうですか？

❶ 晴れ。
❷ 風が強い。
❸ 暑い。
❹ 雨。

■解説

設問を前もって読んでおけば、全てを聞かずに答えを導ける場合もある。Miamiの明日の天気なので、最後の文の前半の**Miami will get some rain**（マイアミは雨になるでしょう）から、正解は❹となる。

問1　正解　❹　🎧 039

■スクリプト　🇺🇸

In a few moments, we will be arriving at our final destination, Penn Station, New York. All passengers must get off the train at this stop. Passengers catching connecting trains can follow the platform signs located above the stairs or ask for help at the information desk in the main concourse. Passengers bound for New Jersey on Amtrak 90: your train has been delayed. Please wait in the concourse for further details.

■語注
☐ concourse：中央ホール、コンコース

■訳

間もなく当列車は終点のニューヨーク、ペン駅に到着いたします。全てのお客さまは、当駅にて下車いただかなくてはなりません。接続列車をご利用のお客さまは、階段の上部にあるプラットホーム表示に従ってお進みいただくか、またはメインコンコース内の案内所でお聞きください。ニュージャージー行きのアムトラック90便をご利用のお客さまは、列車に遅れが出ております。さらなる詳細については、コンコースにてお待ちください。

ニュージャージー行きの列車について何と言われていますか？
❶ 定刻通りに運行している。
❷ 間もなく到着する。
❸ 間もなく出発する。
❹ 予定より遅れている。

■解説
設問を前もって読んでおけば、「拾い聞き」で正解を導ける。 ここでは、**New Jersey**という地名が出てくる箇所に特に集中する。最後から2番目の文に**Passengers bound for New Jersey . . . : your train has been delayed**とあるので、正解は❹。

問2　正解　❸　🎧 040

■スクリプト　🇬🇧

Good morning, Zenner's shoppers. Are you ready to send your Christmas and New Year's photos to your relatives? Come to our photo corner on the third floor, and take advantage of great post-holiday prices. Print your digital photos for as low as 15 cents each, and get doubles of each print for an extra 10 cents. Better still, enlarge your favorite picture for $2.99 and frame it. It makes a great gift!

■語注
☐ relative：親類　☐ take advantage of ～：～を利用する　☐ extra：追加の、割り増しの　☐ better still：さらに良く　☐ enlarge：（写真）を引き伸ばす　☐ frame：（写真など）を額に入れる

■訳

ゼナーズでお買い物の皆さま、おはようございます。ご親類の方へクリスマスや新年の写真を送る準備はお済みでしょうか？ 3階の写真コーナーへお越しいただき、お得な休暇後の値段をご利用ください。デジタルカメラのお写真を1枚15セントの安さでプリントできるのに加え、10セントの追加料金で2枚プリントできます。さらに良いことには、お気に入りのお写真を2ドル99セントで引き伸ばして、額に入れることもできます。すてきな贈り物になるはずですよ！

1つの写真を2枚プリントするには、買い物客はいくら払わなければなりませんか？
❶ 10セント。
❷ 15セント。
❸ 25セント。
❹ 2ドル99セント。

■解説
簡単な計算が試されることもある。 写真1枚のプリント料は**15 cents**で、**get doubles of each print for an extra 10 cents**（10セントの追加料金で2枚プリントいただけます）とある。15セント＋10セント＝25セントなので、正解は❸。聞き取れた数字だけで答えを選ばないように注意。

問1　正解 ❷ 🎧 049

■スクリプト 🇺🇸

Can I have your attention, please? The state weather office has sent out a winter storm warning for the Chicago area. We regret to announce that due to heavy snow and wind, all departures from Chicago O'Hare Airport have been suspended until the storm has passed. Passengers waiting to board flights, please wait in the concourse. Passengers checking in may get further information from their airline's service counter. Please do not request refunds or service changes from the airport information desk staff.

■語注
□ regret to do：残念ながら～する　□ suspend：(運航など) を一時停止する　□ refund：払い戻し

■訳

お知らせいたします。州の気象局が、冬季の暴風雪警報をシカゴ地域に発令いたしました。申し訳ございませんが、大雪と強風のため、シカゴ・オヘア空港発の全便は、暴風雪が通過するまで運航停止となっております。各便のご搭乗をお待ちのお客さまはコンコースにてお待ちください。ご搭乗手続き中のお客さまは、各航空会社のサービスカウンターにてさらに詳しい情報をお聞きください。空港案内所の職員には返金ならびに便の変更はお求めいただけません。

搭乗を待っている乗客はどうするように求められていますか？
❶ 別の便に乗り換える。
❷ ターミナルビルにとどまる。
❸ 航空会社のカウンターで払い戻しを求める。
❹ 案内所で便の変更を求める。

■解説

設問の主語にも気を付ける。文中では、**Passengers waiting to board flights**と**Passengers checking in**の2つが出てくるが、ここでは前者に関する問いなので、正解は❷になる。

問2　正解 ❷ 🎧 050

■スクリプト 🇬🇧

Hello, everyone, this is your captain speaking. We are now cruising at an altitude of 34,000 feet and expect to land in Seattle, Washington, at approximately 8:15 a.m. local time. Our flight time will be five hours. The flight staff will shortly be offering a selection of drinks, and your in-flight meal will be served in about one hour. For entertainment and movie selections, please check your copy of Hemispheres Magazine, located in the seat pocket in front of you.

■語注
□ altitude：高度　□ approximately：おおよそ

■訳

皆さん、こんにちは、機長よりご案内いたします。当機はただ今、高度3万4000フィートを巡航中で、ワシントン州シアトルには現地時間の午前8時15分ごろに着陸予定です。当便の飛行時間は5時間です。間もなく、乗務員がさまざまな種類のお飲み物をお持ちし、約1時間後には機内食をお配りいたします。娯楽番組と映画については、皆さんの前のシートポケットにある『ヘミスフィアズ・マガジン』をご覧ください。

この便について正しいのはどれですか？
❶ 飛行時間は8時間である。
❷ 目的地には午前8時15分ごろに到着する。
❸ 目的地はワシントンD.C.である。
❹ 間もなく着陸する。

■解説

時刻・時間の表現を正確に聞き取れるようにする。第2文の後半に**land in Seattle ... at approximately 8:15 a.m.**とあるので、正解は❷となる。

問1　正解 ❹ 🎧 059

■スクリプト 🟡

When everyone has settled into their hotel rooms, we will begin our year-end sales conference with a 6 p.m. reception in the hotel ballroom. This will run until 9 o'clock, giving everyone time to meet-and-greet and still get an early start the next day. After breakfast, the first meetings will begin at 8:30 a.m. at various locations within the hotel. Please check the handout for further details. There will be two mandatory meetings before lunch is served at 1 p.m.

■語注

□ settle into ～：～に落ち着く　□ run：続く
□ handout：配布資料　□ for further details：詳細
については　□ mandatory：義務的な、強制的な

■訳

各自がホテルの部屋に着いたら、ホテルのボールルームでの午後6時からのレセプションをもって年末の販売会議を開始します。こちらは9時まで行われますので、皆さんが歓談する時間がありますし、さらに翌日早めに仕事を始めることができます。朝食後、最初の会議がホテル内のさまざまな場所で午前8時半に始まります。さらなる詳細については、配布資料を確認してください。午後1時に昼食が出される前に、出席の義務がある会議が2つあります。

レセプションはいつ終わりますか？

❶ 正午。
❷ 午後6時。
❸ 午後8時30分。
❹ 午後9時。

■解説

「時刻＋予定」のセットを聞き逃さないように注意。 レセプションについては**This will run until 9 o'clock**とあるので、正解は❹となる。

問2　正解 ❹ 🎧 060

■スクリプト 🇬🇧

This tour of Loch Ness will depart from the bus station at 10:15 a.m. and return by 5:15 p.m. On the tour, we will cruise the loch for an hour and a half, spend two hours at Urquhart Castle and visit the Loch Ness Monster Museum for an hour. There will also be a guided bus tour along the loch. Lunch will be served on the boat at noon. Seating is limited, so please book your place at least three days in advance.

■語注

□ loch：湖　□ guided：ガイド付きの　□ seating：
座席数　□ book：～を予約する　□ in advance：前
もって

■訳

ネス湖のこのツアーは、午前10時15分にバス停を出発して、午後5時15分に戻ってきます。ツアーでは、1時間半にわたって湖を遊覧し、アーカート城に2時間滞在し、そしてネス湖モンスター博物館を1時間訪れます。湖岸沿いのガイド付きのバスツアーもあります。昼食は正午に船上でご用意いたします。座席数が限られていますので、遅くとも3日前に予約してください。

このツアーはどのくらいの長さですか？

❶ 2時間。
❷ 4時間半。
❸ 6時間半。
❹ 7時間。

■解説

聞き取れた数字から答えを安易に選ばないように注意。 ここでは各目的地でのツアー時間として **an hour and a half**、**two hours**、**an hour** が登場するが、設問は「ツアー全体の時間」である。出発が**10:15 a.m.** で、戻ってくるのが**5:15 p.m.** なのだから、正解は❹となる。

Chapter

2

Q&A選択問題対策

問1：正解 ❸　　問2：正解 ❸ 🎧 067

■スクリプト 🇬🇧

It's well-known that the Japanese population is getting older. The reason for this is that there are fewer children being born, while old people are living longer. This is likely to cause many problems in the near future.

One problem is that there will be an increasing number of people requiring medical help for age-related illnesses, but fewer younger people available to give that help. Another major problem concerns money — pension funds will not be able to support the greater number of pensioners. This means that even after years of working and paying their taxes, old people in the future are still likely to face all the troubles that come with being poor.

Several solutions to the aging population problem are possible, such as encouraging young people to have more children, increasing workers' pension payments or raising the retirement age. The important thing is to start solving the problem now.

■語注

□ population：人口　□ while：〜と同時に、そして一方〜　□ likely to do：〜しそうな　□ cause：〜をもたらす、引き起こす　□ require：〜を必要とする　□ available：役立てられる、利用できる　□ concern：〜に関係する　□ pension fund：年金基金　□ pensioner：年金受給者　□ face：(問題など)に直面する　□ solution：解決法 [策]　□ encourage 〜 to do：〜に……するよう励ます　□ raise：〜を上げる　□ retirement：退職

■訳

日本の人口が高齢化していることはよく知られています。この理由は、生まれてくる子どもが少ない一方で、高齢者たちが長命になっているからです。このことにより、近い将来に多くの問題が起きる可能性があります。

1つ目の問題は、高齢に関連する病気への医療援助を必要とする人々が多くなるのに対し、援助を与えることができる若者が減ることです。もう1つの大きな問題はお金に関するものです――より多くの年金受給者を年金基金が支えられなくなるのです。このことが意味するのは、長年にわたって働き、税金を納めてきた後でさえも、未来の高齢者は貧困に伴う困難に直面する可能性があるということです。

人口の高齢化問題への解決策は、若者により多くの子どもを持つように奨励したり、労働者の年金の支払いを増加したり、また退職年齢を上げたりなどいくつかが考えられます。大切なことは、今すぐ問題の解決を始めることなのです。

問1　日本の人口について、話し手は何と言っていますか？
❶ 近い将来に減少し始める。
❷ 今後何年かは増加する。
❸ 着実に高齢化している。
❹ 長い間変化しない。

問2　問題を解決するために、話し手は何を提案していますか？
❶ 労働者の賃金を上げること。
❷ 労働者により多くの休暇を与えること。
❸ 若い人たちに多くの子どもを持つように奨励すること。
❹ 年金の支払いを減らすこと。

■解説

問題提示（序論）→具体例（本論）→解決策（結論）という論理展開を押さえる。
まず、問1では、日本の人口については、第1段落の第1文で**the Japanese population is getting older**（日本の人口が高齢化している）と問題点を挙げているので、正解は❸。次に問2については、第3段落の第1文で3つの解決策の1つとして**encouraging young people to have more children**（若者により多くの子どもを持つように奨励すること）が挙げられているので、❸が正解となる。

問1：正解 ❷　　問2：正解 ❶ 🎧 074

■スクリプト 🔊

A worrying debate has been taking place in the West for quite a while now, but here in Japan people generally seem unaware of it. The debate concerns GM. GM stands for "genetic modification" — the changing of genes in the DNA of a plant or animal.

At first, GM may seem like a good idea. For instance, rice plants can be changed so that they are no longer harmed by certain insects — if we can grow more rice, it will be cheaper. Yet we may find that once these insects can no longer feed on the GM rice, they will die out. This in turn will affect the animals that eat those insects, and so on.

How will humans be affected? The long-term health effects of eating GM food are still unclear. In many countries, sellers must state on food labels whether or not their goods contain GM food. This allows the public to choose.

■語注

☐ worrying：厄介な、心配な　☐ take place：起こる、生じる　☐ for a while：しばらくの間　☐ unaware of ～：～を意識しない　☐ concern：～に関係する　☐ GM：遺伝子組組み換え（＝genetic modification）☐ stand for ～：～を表す、意味する　☐ gene：遺伝子　☐ so that ～：～するために　☐ harm：～を害する　☐ once：ひとたび［いったん］～すれば　☐ feed on ～：～を餌にする　☐ die out：死に絶える、絶滅する　☐ in turn：今度は、さらに　☐ and so on：～など、その他　☐ long-term：長期の［にわたる］☐ effect：影響　☐ state：～をはっきり述べる、公表する　☐ whether or not ～：～かどうか　☐ allow ～ to do：～が……することを可能にする

■訳

心配な議論がここしばらくの間、西欧で起きていますが、ここ日本では人々は一般にそのことを意識していないようです。その議論とはGMに関するものです。GMは「genetic modification（遺伝子組み換え）」――つまり、動植物のDNA内にある遺伝子を変化させることを意味しています。

最初は、遺伝子組み換えはいい考えのように思えるかもしれません。例えば、ある特定の昆虫の被害を受けないように、イネを変えることができます――多くのコメを育てることができれば、コメは安くなります。しかし、こういった昆虫が遺伝子組み換えのコメを餌にできなくなれば絶滅するだろうということに私たちは気付くでしょう。このことは次に、そういった昆虫を捕食する動物たちに影響を及ぼし、そして次の動物へと影響を与えていきます。

人間はどのような影響を受けるでしょうか？　遺伝子組み換え食品を食べることによる健康への長期的な影響はまだ明らかではありません。多くの国々では、販売者は商品が遺伝子組み換え食品を含んでいるかどうかを食品のラベルに明記しなければなりません。このことによって一般の人々は選択をすることができるのです。

問1　遺伝子組み換えについて、話し手は何と言っていますか？
❶ 殺虫に使うことができる。
❷ 人間の健康への影響についてはまだほとんど分かっていない。
❸ 基本的にはいい考えである。
❹ 長期にわたって人間に影響を与える。

問2　話し手は人々に何をしてほしいと思っていますか？
❶ 遺伝子組み換えについてもっと知る。
❷ 遺伝子組み換え食品を買わない。
❸ 絶滅の問題についてもっと関心を持つ。
❹ 作物の収穫量を増やす。

■解説

序論で述べた論点を、本論での例示を通して結論でまとめていることに注意。 この講義文のテーマはGM（遺伝子組み換え）についてである。本論の第2段落においてその危険性を例示した上で、結論の第3段落で **The long-term health effects of eating GM food are still unclear.** と述べているので、問1は❷が正解。また、話者の論点は**GM**への関心を持たせることであり、その問題点を本論で例示した上で結論において序論の論点をまとめているので、問2は❶が正解となる。

問1：正解 ❷　　問2：正解 ❷ 🎧 081

■スクリプト 🌐

　　In August 2004, "The Scream," the famous masterpiece painting by Edvard Munch, was stolen from the Munch Museum in Norway. It was simply taken down from the wall by two men wearing masks while shocked museum visitors watched. Happily, the painting was recovered in a better-than-expected condition two years later.

　　At the time that the masterpiece was stolen, there weren't any alarms to protect the paintings. One of the men had a gun, but everyone was surprised at how easy it was for the thieves to remove "The Scream" along with another Munch painting. As a result, the museum closed for nearly a year to have airport-style security devices fitted.

　　While "The Scream" was missing, art experts were worried that it would never be found. They thought that it would have been just too famous to sell, and so the thieves might have destroyed it instead. In fact, they didn't destroy it, and when it was found, the painting was surprisingly free from damage.

　　However, although the thieves were caught and put in prison before the painting was even recovered, there still remains a mystery: Why did they steal a painting that they wouldn't be able to sell? The police have never released any details of the painting's recovery, and so we still don't know the answer to that question.

■語注

☐ The Scream：『叫び』（エドバルト・ムンク作の絵画の名前）　☐ masterpiece：傑作、名作　☐ Edvard Munch：エドバルト・ムンク（1863-1944、ノルウェーの画家）　☐ recover：取り戻す　☐ better-than-expected：予想以上の　☐ thief：泥棒　☐ remove：〜を運ぶ　☐ as a result：その結果　☐ device：装置　☐ fit：〜を取り付ける　☐ expert：専門家　☐ instead：その代わりに　☐ surprisingly：驚くほど　☐ free from〜：〜から免れている　☐ prison：刑務所　☐ release：（情報）を公開する　☐ detail：（複数形 details で）（〜についての）詳細　☐ recovery：回収

■訳

　　2004年8月に、エドバルト・ムンクの有名な傑作絵画『叫び』がノルウェーのムンク美術館から盗まれました。衝撃を受ける美術館の来館者たちが見ている中、マスクを着けた2人の男たちによってあっさりと壁から外されたのです。幸い、この絵画は2年後に、予想されたよりも良い状態で取り戻されました。

　　この名画が盗まれた当時は、絵画を守る警報が何もありませんでした。男たちのうちの1人は拳銃を持っていましたが、それでも泥棒たちがもう1点のムンクの絵画とともに『叫び』をいともたやすく持ち去ったことに誰もが驚きました。この結果、この美術館は1年近く休館して、空港並みのセキュリティー装置を取り付けました。

　　『叫び』が所在不明になっていた間、美術専門家たちはそれが二度と発見されないのではないかと心配していました。とにかく有名過ぎて売れないだろうから、泥棒たちは売らずに破壊してしまうかもしれないと考えたのです。ところが実際は破壊されてはおらず、発見時には驚くほど損傷がありませんでした。

　　しかし、絵画を取り戻すよりも早く犯人たちが捕まり投獄されたにもかかわらず、まだ謎が残っています。売ることができそうにない絵画をなぜ彼らは盗んだのでしょう？　警察は絵画を取り戻した詳しい事情を公表していないので、この疑問に対する答えは今も分かりません。

問1　美術館から絵画を盗んだのは何人ですか？
❶1人。
❷2人。
❸6人。
❹8人。

問2　絵画について、話し手は何と言っていますか？
❶破壊された。
❷ほとんど無傷で発見された。
❸売られた。
❹まだ発見されていない。

■解説

事実の大枠の紹介（序論）→その詳細の説明（本論）→まとめ（結論）という流れを押さえる。 ここでは、ムンクの代表作が盗まれたという事実を、序論で紹介している。その第2文において、**It was simply taken down from the wall by two men wearing masks** とあるので、問1は❷が正解。また、その第3文で、**the painting was recovered in a better-than-expected condition** と述べているので、問2の正解は❷。ここを聞き逃しても、第3段落の最後の **the painting was surprisingly free from damage** からも正解は導ける。

問1：正解 ❷　　問2：正解 ❷ 🎧 088

■スクリプト 🇺🇸

Studying economics can become very confusing. It is easy to get mixed up with so many different technical terms and ideas. That is why, if you find yourself getting confused, it can be a good idea to try to remember the basic theme of economics; look again at the reasons why people spend so much time and effort studying it.

First of all, there are scarce resources. What this means is that the availability of things such as the number of workers, raw materials and factories is limited. However, there are many ways these resources could be used. On a personal level, it is the same with money: people don't have limitless money, but they have many things they need or want to buy. On a national level, governments get a fixed amount of money from taxes, but there are many areas in which they can spend it: services, such as health and education; the military; law and order; and so on.

These considerations of how to use what we have highlight the basic problem of economics: human wants are almost unlimited, but our resources are limited. This is the problem that economists are always trying to solve and the problem that confused economics students should always try to remember.

■語注

□ confusing：頭が混乱するような　□ get mixed up：頭が混乱する、分からなくなる　□ term：用語　□ confused：混乱した　□ first of all：まず第一に　□ scarce：不十分な、不足している　□ resource：資源　□ availability：入手の可能性、有用性　□ raw material：原料　□ fixed：（金額などが）一定の、固定した　□ law and order：治安　□ consideration：考慮、考察　□ highlight：～を強調する、目立たせる　□ wants：必要な物、必需品、欲しい物

■訳

経済学の勉強は、とても複雑になりがちです。とても多くのさまざまな専門用語や概念があるので、簡単に頭が混乱してしまいます。その意味では、もしも自分の頭が混乱していると思ったら、経済学の基本的なテーマを忘れないでいようとするのがいい考えと言えるでしょう。つまり、人々がその勉強にこれほどまでの時間と労力を費やす理由をもう一度考えてみることです。

まず第一に、資源の不足です。このことが意味しているのは、労働者、原料、そして工場などを利用するには数に限りがあるということです。しかし、このような資源が活用可能な多くの方法があります。個人のレベルでは、お金と同じです。つまり、人々はお金を無限に持っていませんが、買う必要がある、または買いたい物がたくさんあります。国のレベルでは、政府は税金から一定の金額を得ますが、それを使うことができる分野は数多くあります。医療や教育といったサービス、軍隊、治安などです。

私たちが持っている物をいかに使うかについて以上のように考えていくと、経済学の根本的な問題が浮かび上がります。つまり、人々が必要とする物や欲しい物にはほとんど限りがないのに対し、資源には限りがあるということです。このことは経済学者たちが常に解き明かそうとしている問題であり、頭が混乱してしまった経済学を学ぶ学生たちが常に忘れないでいようとすべき問題なのです。

問1　講義によると、正しいのはどれですか？
❶ ほとんど全ての経済理論は実は理解するのが容易である。
❷ 根本的な経済理論は単純な日常的活動に基づいている。
❸ 経済学者たちは難解な概念で学生たちを混乱させがちである。
❹ 政治学は経済学と同じほど学ぶのが難しい。

問2　話し手は経済学を学ぶ学生たちに何をしてほしいと思っていますか？
❶ できるだけ多くの経済用語を習得する。
❷ 基本的な経済問題を覚えておく。
❸ 分かりやすい経済学の本を買う。
❹ 経済学と同じくらいほかの教科を一生懸命に勉強する。

■解説

話者が聞き手に「してほしいと思っていること」は、講義文の論点である。 この講義文では、複雑になりがちな経済学について、何よりもその基本的なテーマ（**the basic theme of economics**）を押さえておく必要があるという論点を序論で述べ、本論においてその具体例が身近な事柄から挙げられているので、問1は❷が正解。さらに、結論では論点が繰り返されているので、❷が問2の正解となる。

発行日	2020年11月18日（初版）
	2021年2月1日（第2刷）
監修・執筆	木村達哉
協力	チームキムタツ
編集	株式会社アルク 文教編集部
アートディレクション	細山田光宣
デザイン	小野安世（細山田デザイン事務所）
DTP	株式会社秀文社
印刷・製本	日経印刷株式会社
発行者	天野智之
発行所	株式会社 アルク

PC：7020056

キムタツの大学入試
英語リスニング
合格の法則
【実践編】

別冊解答集